KB059558

어쩌다영웅

어쩌다 영웅
십대를 위한 영웅의 심리학

2017년 5월 31일 1판 1쇄
2019년 11월 22일 1판 3쇄

지은이 이남석

편집 정은숙, 김혜영   교정 김미경   디자인 홍경민   조판 이은경
마케팅 이병규, 양현범, 이장열   홍보 조민희, 강효원
제작 박흥기   인쇄 천일문화사   제본 J&D바인텍

펴낸이 강맑실   펴낸곳 (주)사계절출판사
주소 (우)10881 경기도 파주시 회동길 252
전화 031)955-8558, 8588   전송 마케팅부 031)955-8595 편집부 031)955-8596
홈페이지 www.sakyejul.co.kr   전자우편 skj@sakyejul.co.kr
블로그 skjmail.blog.me   트위터 twitter.com/sakyejul   페이스북 facebook.com/sakyejul

ISBN 979-11-6094-087-9 44180
ISBN 978-89-5828-570-0(세트)

이 도서의 국립중앙도서관 출판시도서목록(CIP)은 e-CIP 홈페이지(http://www.nl.go.kr/ecip)와
국가자료공동목록시스템(http://www.nl.go.kr/kolisnet)에서 이용하실 수 있습니다. (CIP2017011319)

십대를 위한 영웅의 심리학

어쩌다 영웅

이남석 지음

사□계절

차례

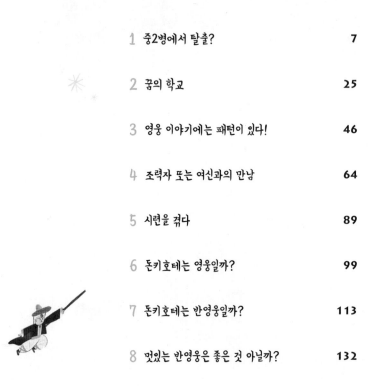

1
중2병에서 탈출?

"빨리 가서 막아! 저기 오른쪽."

서준은 게임 캐릭터를 재빨리 움직였다. 박완의 목소리는 더 날카로워졌다.

"야, 뭐 한 거야. 완전 박살 났잖아. 빨리 몸빵이라도 해."

서준은 고개를 숙이고 한숨을 후우 길게 뽑았다. 박완의 입에서 계속 거친 말이 나오자 서준은 자리를 박차고 일어났다.

"야? 야, 너 일어나 봐!"

서준은 박완의 목덜미를 잡았다. 박완은 게임 화면에서 눈길을 거두고 서준을 쳐다보았다. 살기등등한 눈빛에 서준은 더 어이가 없었다.

"이게 게임 좀 한다고 아예 정신을 가출시켰구나. 중딩 주제에 고딩에게 욕을 해? 야, 눈 안 깔아?"

그제야 눈빛이 풀리면서 박완은 두 손을 모아 싹싹 빌며 말했다.

"형, 미안해요. 제가 게임에 집중하다 보니 그랬어요."

"네가 게임에서나 대장이지, 현실에서도 뭐든지 다 해도 되는 영웅인 줄 알아?"

"형, 정말 미안해요."

"야, 그냥 미안하다면 다야?"

그때 옆에서 동생 준석이 서준의 손을 얼른 꽉 잡았다.

"형, 게임 재밌게 하다 말고 왜 그래."

"이거 놔. 너도 저 자식이 나한테 어떻게 말하는지 다 들었잖아."

박완이 재빨리 일어나서 고개를 숙이며 말했다.

"형, 정말 미안해요. 말로만 그런 게 아니라 진짜 미안해요. 사과하는 뜻에서 지난번 제 마법 칼 드릴게요."

서준은 기가 막혀 대꾸도 안 하는데, 준석이 박완을 쳐다보며 물었다.

"그 번개 일으키는 칼?"

"아니, 그건 선더 스워드고. 그게 얼마짜리인데. 내가 말한 건 블루 스워드야. 이것도 나름 비싼 아이템이야."

"그렇긴 하지만, 우리 형은 선더 스워드를 더 좋아할걸?"

둘의 대화를 듣자니 서준은 더 화가 났다.

"야, 내가 초딩이냐? 아이템 주면 좋아라 하게? 이게 진짜 정신을 못 차리는구나!"

실제로, 박완이 칼을 준다고 하자 옆에서 박완의 비위를 맞춰가며 구경하던 초등학생들이 부러워하는 눈길로 서준을 쳐다봤다. 서준은 그게 더 기분 나빴다. 그런데 동생이 형을 핑계로 자기가 갖고 싶던 아이템을 흥정하니, 서준은 두 녀석을 다 혼내 주고 싶었다.

"어이, 거기 너희들 뭐 하는 거야?"

피시방 주인이 소리쳤다. 이대로 소동을 벌였다가는 이 근처에서 가장 싸고 컴퓨터 사양이 좋은 게임 해방구에서 영영 쫓겨날 거라는 생각이 모든 아이들의 머릿속에 동시에 떠올랐다. 아이들은 동물적인 감각으로 서로의 눈빛을 읽었다. 그리고 부모님이 갑자기 방문을 열면 열심히 공부하는 척할 때처럼, 박완의 게임 화면을 열심히 들여다보는 척했다. 피시방 주인은 어기적어기적 걸어오고 있었다. 준석이 서준의 귀에 대고 속삭였다.

"형, 쟤가 한참 중2라서 그런 거니까 이해해. 원래 개념이 없기도 했겠지만 중2병 걸려서 더 심해진 거니까, 성숙한 우리가 참아야지."

서준은 기가 막혀 헛웃음이 나왔다. 이제 중학교 3학년 된 지 겨우 석 달 지난 녀석이 자기는 아주 많이 큰 것처럼 말하다니.

"아냐, 아니야. 형이 적당히 좀 더 무섭게 하는 편이 낫겠다. 그러고 나서 형은 빠져. 내가 다 해결할게. 녀석이 바짝 쫄았으니 선더 스워드는 우리 게 될 거야."

"야, 내가 너 같은 인간인 줄 알아?"

서준은 어금니를 꽉 물고 말했다. 그래도 준석은 아랑곳 않고 목소리를 낮춰 차분하게 속삭였다.

"형! 10분만 성질 죽이면 몇십만 원짜리 아이템이 우리 게 된다고. 감정적으로 말고 현실적으로 생각해. 형이야말로 쟤 때리면 중2병 환자 상대로 현피 뜬 고딩 게임 중독자라고 동네에서 찍히게 돼. 나도 그런 유명한 형을 둔 동생으로 구제 불능 상태에 빠지는 거고."

"야, 내가 잘못했다는 거야?"

"형, 지금 우리가 정의의 용사 뽑자는 게 아니잖아."

준석의 목소리 끝에 짜증이 섞여 있었다. 서준의 마음속에는 아무리 심심해도 애초에 나이 차이 나는 동생들과 어울리는 게 아니었다는 후회가 밀려왔다. 아이템이고 응징이고 뭐고 이제 서준은 다 벗어나고 싶었다. 아이들이 몰려 있는 자리에 피시방 주인이 다가서자 서준은 밖으로 나가 버렸다.

"너희들 무슨 문제 있어?"

피시방 주인이 묻자 준석이 말했다.

"우리 형이 소심해서 게임 안 풀린다고 성질 좀 낸 거예요. 바람 쐬고 곧 돌아올 거예요."

피시방 주인은 다시 자기 자리로 돌아갔다.

그렇지만 서준은 준석의 예상처럼 다시 피시방으로 돌아갈 생각이 없었다. 학기 중에 남양주로 전학 오지 않았다면 지금쯤 서울에 있는 친구들과 어울리며 재미있게 뭔가를 하고 있을 자신과, 가게의 대형 창문에 비친 외로운 자신이 비교되어 참을 수 없었다. 동생인 준석은 또래들과 잘 어울리는데 자기는 그러지 못하는 것도 한심했다.

서준은 무작정 달렸다. 영화의 주인공처럼 가슴이 터질 정도로 달려가다가 후련해진 듯한 표정으로 잔디에 누워 웃는 장면을 떠올리며. 그러나 현실은 달랐다. 숨만 차고 다리가 후들거리는데, 어디 누울 만한 곳도 없어 아파트 보도블록에 폼 안 나게 쭈그려 앉을 수밖에 없었다.

숨을 고르고 있는데 문자 알림이 왔다.

득템 성공^^

준석의 문자였다.

서준은 후우, 후우, 숨을 내뱉었다. 그래도 마음이 풀리지 않아 화를 퍼부으려 단축 번호를 눌렀다. 그러나 준석은 전화를 받지 않았다. 피시방에 들어갈 때 게임에 집중하려고 무음으로 처리했던 게 떠올랐다. 다시 한 번 전화해 봤지만 결과는 마찬가지였다.

서준은 아빠의 카페 쪽으로 발걸음을 옮겼다. 왜 이혼을 하고, 왜 갑자기 퇴직을 하고, 왜 새로 사업을 한다면서 카페를 차리고, 왜 갑자기 남양주로 이사까지 해서 내가 이런 일을 겪게 하느냐고 따지고 싶었다. 아빠는 서울보다 경쟁이 덜한 지역에서 내신으로 더 좋은 대학에 갈 수 있다고 꼬드겼지만, 이차피 공부를 안 하니 대학과는 상관이 없었다고 서준은 생각했다. 또 아빠가 말한 좋은 이웃들도 자기 또래가 아니라 아빠 친구들이니 소용없었다.

'나만이라도 다시 전학 가게 해 달라고 해야지.'

서준이 카페에 도착했을 때 아빠인 동영은 독서 모임을 하고 있었다. 동영은 신나게 이야기하다가 서준을 발견하고는 평소보다 더 반갑게 맞이했다.

"어, 어떻게 왔어?"

서준은 속에 있던 말을 차마 다른 사람들 앞에서 하지 못했다. 모임 구성원 중에는 서준이 다니는 학교 선생님도 한 명 있었다. 서준은 무표정하게 고개를 숙였다.

"너 알바 할래?"

뜬금없는 동영의 말에 처음에는 대꾸조차 하고 싶지 않았다. 하지만 동영이 또 묻자 서준은 반항기 가득한 목소리로 말했다.

"무슨 알바? 북카페 차릴 때 절대 서빙 안 시킨다 그러셨잖아요?"

"자료 조사 알바야. 혼자 하는 것도 아니고 네 또래 아이들이랑 여럿이 하는 거야."

"학교에서도 조 모임 수행 과제 할 때 제일 힘든 게 자료 조사예요. 숙제하기도 귀찮은데 무슨 알바."

서준이 딱 잘라 말하자, 서준이 다니는 고등학교의 사회 선생님인 김성학이 말했다.

"우리 고2 딸은 얼씨구나 좋다며 한다는데? 여고 친구들도 데리고 온다고 했어. 이번 기회에 여자애들이랑 말도 많이 할 수 있고 좋지 않니?"

서준은 어이가 없어 피식 웃었다.

"중학생인 우리 아들이랑 친구들도 하기로 했어."

독서 모임 대표이자 공무원인 김미경이 말했다. 중학생이라는 말에 준석과 박완이 짝짜꿍하며 자기를 화나게 하던 상황이 떠올라 더 싫어졌다.

"알바라기보다 정확히 '꿈의 학교'라는 마을학교야. 방학 중에 열리는데 어른과 학생이 함께 여러 가지를 배우는 프로그램이야. 작년에는 가족 영화 찍기랑 동네 노인과 아이들이 서로 초상화 그려 주기를 했어. 전문 배우에게 뮤지컬을 배워서 약식 공연을 하기도 했고. 지역 주민들이 원하는 프로그램을 직접 기획해서 신청하면 교육청에서 필요한 예산을 지원해 줘."

서준은 솔직히 나쁘지 않겠다는 생각이 들었다. 그렇지만 이미 내뱉은 말도 있고, 동영과 준석 모두에게 화가 난 상태여서 마음을 바꿀 정도는 아니었다.

"지금 신청서 작성하는 중인데, 네가 꿈의 학교에 등록하면 용돈을 줄게."

"얼마 주실 건데요? 우리 애는 용돈 없이도 그냥 참가한다는데."

서준 대신에 다른 사람이 물었다. 동영은 평소 용돈의 두 배를 주겠다고 대답했다. 서준은 마음이 살짝 흔들렸다. 하지만 그 마음은 오래가지 않았다. 동영이 한 말 때문이었다.

"서준아, 올해는 우리 동네 영웅 찾기를 할 거야."

"영웅?"

"예전에 이곳에 살던 사람들 가운데 영웅이라고 할 만한 사람이나 지금 영웅이라고 평가할 만한 사람을 찾아서 왜 그런지 탐구해 보는 거야. 그리고 그 교훈을 다른 사람들과도 나누는 거지."

서준은 어처구니가 없어 더 말하지 않았다. 조그만 남양주시 진접읍의 구석진 동네에 영웅이라고 할 만한 사람이 있다면 굳이 찾지 않아도 벌써 비석이 섰거나 교과서에 실려 있거나 신문에 소개되었을 것이기 때문이다. 더구나 이곳은 옛날에 사슴 목장과 숲이 우거져 있던 곳을 밀고 아파트 단지를 만든 동네라고 했는데, 대체 어떻게 영웅을 찾는단 말인가. 숲을 누볐다는 호랑이 가죽을 찾는 편이 더 쉬울 거라는 생각이 들었다.

"아빠, 그건 나중에 말해요."

"그래, 아직 확정된 일은 아니니까 확정이 되면 그때 더 얘기하자. 일단 네 이름은 넣어 놓을게. 나중에 정 안 되겠으면 네 친구로 바꿔도 돼."

"친구요?"

"그래, 친구!"

그 말에 서준은 가슴 깊이 꾹꾹 누르고 있던 설움과 분노의 혼합물 같은 것이 폭발했다.

"아빠, 내가 친구가 어디 있어요? 내가 어떻게 버티고 있는지 알기나 하세요? 망할 놈의 꿈의 학교보다 자식이 어떻게 지내고 있는지나 더 자세히 살펴보라고요."

서준은 카페를 박차고 나왔다.

카페에 남겨진 어른들은 서준이 사라진 곳을 멍하니 바라보다가 동영을 쳐다보았다.

"저 녀석 마음이 단단히 상했네. 아빠가 왜 이런 일을 준비하는지 알면 좋으련만. 오늘 서준이 마음을 다독거려 주려면 그냥 자세히 말하는 게 어때요? 그래도 안 되면 저도 내일 학교에서 시간을 내서 서준이랑 얘기해 볼게요."

김성학이 동영에게 부드럽게 말했다. 그러나 동영은 다른 생각을 하며 씁쓸한 표정으로 고개를 끄덕였다. 계획대로 잘된 것보다 실망스러운 결과를 더 많이 안겨 준 아빠로서 서준에게 몹시 미안했다. 결혼 생활, 회사 생활, 카페 창업, 이사 등. 애초에 동영이 계획했던 대로라면 서준은 전학하고 나서 행복해져야 했다. 그러나 서준은 갈수록 우울한 기색이 더 짙어졌다. 그런 아이에게, 계획대로 되지 않아도 정말 행복할 수 있는 일을 아빠가 준비하고 있다는 말은 차마 건넬 수 없었다. 면목이 없었다. 그런 만큼 마음이 앞섰다. 꿈의 학교 기획 모임에서 나온 말대로라면 확실히 아이들의 환경을 바꿔 줄 수 있겠다 싶었다. 그래서 아들 얼굴을 보자마자 신이 나서 이야기를 꺼냈는데, 오히려 문제를 더 복잡하게 만든 것 같아 속상했다.

동영은 모임 뒤풀이도 따라가지 않고 카페에 앉아 생각에 잠겼다. 그러다 드디어 결심하고는 두 아들에게 동시에 문자를 보냈다.

10시 30분까지 집에 갈게. 집에서 가족회의 하자.

동영은 아르바이트생에게 뒷정리를 부탁하고 평소보다 30분쯤 일찍 카페를 나왔다. 차를 운전하면서 동영은 할 말들을 머릿속으로 정리했다. 하지만 그 이야기에 언급해야 할 지난 몇 년 동안의 일들이 하나하나 다시 떠올라 머릿속을 채워 버렸다. 동영은 아파트에 도착하고서도 차 안에 한참을 더 앉아 있었다.

곰곰 생각에 잠겨 있는데 준석에게서 전화가 왔다.

"아빠, 나 졸린데 왜 안 와?"

어느새 약속한 시각이 지나 있었다. 사실 준석은 평소 밤늦게까지 몰래 게임을 하다 자기 때문에 벌써 졸리지는 않았다. 동영도 아이들이 몇 시에 자는지는 대충 알고 있지만 짐짓 모른 척했다. 새로운 환경에 적응하느라 힘든 아이들에게 자기가 할 수 있는 배려라고 여겼다.

"지금 주차장에 도착했어. 바로 올라갈게."

동영은 자기 속도 모르고 졸린 척하는 준석에게 힘없이 대답했다. 그런데 동영은 전혀 몰랐다. 아파트 정문을 통과하면 거주자 차량으로 등록한 자동차 번호를 인식해서 인터폰으로 "○○○○번 차량이 들어왔습니다."라는 안내 음성이 나온다는 것을. 그래서 게임을 하다가도 동영이 오면 아이들이 자는 척하거나 공부하는 척할 수 있었다는 것을.

하지만 지금 준석이 전화한 이유는 게임하는 데 차질이 있을까 봐서가 아니라, 갑작스레 가족회의 문자를 보낸 아빠가 약속한 시각이 한참 지났는데도 올라오지 않아 걱정이 돼서였다. 물론 준석의 그런 마음 한편에는 혹시 아빠가 게임 금지령을 내리려는 게 아닌가 하는 걱정도 있었다. 만약 서준이 피시방 일을 이른 거라면 결코 혼자 깨지지는 않겠다고 굳게 다짐하면서 최대한 조심스럽게 전화를 한 거였다.

동영은 거실로 들어오자마자 소파 앞에 앉고는 건너편에 두 아들을 앉혔다.

"너희들 많이 힘들지?"

눈도 마주치려 하지 않는 서준과 달리 준석은 귀를 쫑긋 세우고 동영의 눈과 입을 분주하게 번갈아 바라보았다.

"힘들 거야. 갑작스럽게 환경이 바뀌었으니 그럴 만도 해. 아빠가 다 이해해."

서준은 동영이 다 이해한다는 말에 더 화가 났다. 차라리 모르니까 왜 힘든지 말해 달라고 하면 더 좋을 텐데. 서준은 마음의 문을 더 닫아 버렸다.

"3년 전 아빠가 이혼해서 너희를 맡아 키우기 시작했을 때만 해도 이것보다 더 행복해지고 싶었어. 그래서 새롭게 출발하자는 의미로 해외여행을 가서 너희들과 속에 있는 이야기도 많이 나누고 즐거운 시간도 보낸 거잖아. 너희랑 있으니까 참 좋더라고. 그래서 과감하게 북카페를 차린 거야. 막연히 은퇴 후에 카페를 하고 싶다고 생각했지만, 너희랑 더 많은 시간을 보내고 더 가까워지려고 말이야."

"정말요? 우리보다는 다른 사람들하고 더 많은 시간을 보내고 싶어서는 아니셨나요?"

서준의 뾰족한 목소리에 동영은 가슴이 아팠다. 준석은 차라리 피시방을 차렸다면 더 많은 시간을 확실히 함께 보낼 수 있었을 텐데, 라고 말하고 싶었지만 분위기가 심각해서 참았다.

"아빠가 북카페를 처음 해 봐서 시행착오를 겪다 보니 그런 거야. 처음에는 읽고 싶었던 책도 실컷 읽고, 가게 일찍 끝내고 집에서 너희와 많은 시간을 보내려고 했어. 그런데 취미와 사업은 전혀 별개라는 점을 몰랐던 거지. 퇴직금을 까먹고 예산을 줄여 남양주 신도시에 싸게 나온 가게로 옮기면서 일이 꼬인 거야. 아빠 의도는 절대 그게 아니었어."

동영은 서울에서 사업에 실패하고 이런 사실을 깨달았다. 돈을 벌려면 사장이 손님처럼 카페에 앉아 책을 읽어서는 안 된다. 그리고 북카페를 찾고 편하게 이용할 단골들이 필요하다.

그래서 북카페를 각종 모임의 사랑방처럼 만들자는 생각으로 자기도 많은 모임에 직접 가입했다. 또 북카페 한쪽을 벽으로 막아서 '세미나실'로 꾸며 모임이나 회의 용도로 이용하게 했다.

"아빠가 북카페를 더 잘되게 하려고 여러 모임을 만들다 보니 서울에서 남양주로 출퇴근하기가 힘들어졌어. 세미나실에서 침낭을 깔고 자는 것은 참을 수 있었지만, 서울에 남은 너희들과 더 멀어지는 게 싫었어."

"아빠가 서울로 다시 오면 되는 거였잖아요. 학기 중에 아빠 마음대로 전학 오게 해도 되는 거예요?"

서준의 말에 동영은 잠시 뜸을 들였다가 말했다.

"아빠로서 부끄러운 말이지만 그만한 돈이 없어서 그랬어. 집주인이 갑자기 전세금을 많이 올리는 바람에 더는 감당할 수 없었단다. 그리고 여기가 서울보다 환경도 더 좋고 말야."

동영의 입에서 돈 문제 얘기가 나오자 서준은 오히려 미안해졌다. 하지만 미안하다는 말을 하고 싶지는 않았다. 이 상황에서 더 미안해할 사람은 바로 아빠라고 생각했다. 그래서 서준은 동영의 얘기 중에서 다른 것을 붙잡고 늘어졌다.

"아빠가 하도 환경이 좋다고 해서 오긴 했지만, 도대체 뭐가 좋아요? 갈 데도 없고, 놀 데도 없고, 영화관도 코딱지만 한 것밖에 없고, 애들은 서울에서 사고 쳐서 왔냐며 말도 섞지 않고 저를 관찰만 하고 있어요. 반갑게 말을 걸어오는 애는 종교에 환장해서 전도하려는 애 아니면 왕따였던 애라고요."

"그래서 아빠가 아까 말한 꿈의 학교에 오면 또래 친구들과 어울릴 수 있는 기회가⋯⋯."

"아빠! 전 동생들이 아니라 제가 다니는 학교에서 우리 반 친구들이 필요하다고요. 꼬맹이들은⋯⋯."

서준은 동영의 말을 자르고 이야기를 시작했지만 감정이 복받쳐 올라 끝을 맺지 못했다. 그 틈을 준석이 끼어들었다.

"아빠, 꿈의 학교가 뭐야?"

동영은 준석의 질문을 무시하고 서준의 눈치를 살폈다. 그런데 준석이 다시 물어오자 마음을 가라앉히며 그에 대해 설명했다. 그 말이 서준의 마음에도 닿기를 바라면서.

"재미있겠는데? 그리고 나랑 똑같은 학년도 있다고? 이왕이면 게임 좀 할 줄 아는 애면 좋겠다. 아빠, 용돈 주는 것도 맞지?"

동영은 짤막하게 그렇다고 말하고는 서준을 보았다.

"꿈의 학교 기획 모임에 학교 선생님도 여러 명 있으니까 나중에 너네 학교 아이나 다른 학교의 같은 학년 친구를 만날 수 있을 거야."

"맞아, 맞아."

준석이 호들갑을 떨수록 서준은 동영의 말이 더 싫어졌다. 하지만 마음이 조금씩 흔들렸다.

"아빠가 여기 와서 행복했던 것 중 하나가 공동체 경험이었어. 이웃과 친구가 생기는 거. 그래서 여러 모임 중에 최고로 좋았던 독서 모임 회원 자녀들과 너희가 친구가 되어 아빠가 느낀 행복을 함께 느낄 기회를 만들어 주고 싶었어. 꿈의 학교에 같이 참여하면서 아빠와도 더 많은 시간을 보내고 말야."

실제로 동영이 참여한 여러 모임 중에 '남양주 다산 독서회'라는 모임이 있었다. 생가가 남양주인 다산 정약용의 뜻을 배우고 이으려는 지역 주민과 직장인들의 모임이었다. 작년에 회원으로 가입해 많은 것을 얻은 동영은 그 경험을 아이들에게 나눠 주고 싶었다. 즐겁게 지내면서도 유익한 교훈을 얻는 경험. 아이들의 전학을 결심하게 된 데는 그것이 경제적인 이유보다도 더 크게 작용했다.

일단 두 아이가 한 달쯤 학교에 적응하고 나면 독서 모임에 나오게 유도하려는 참이었다. 그러나 아이들은 생각보다 적응 자체를 힘들어했다. 상황을 바꾸고 아이들에게 좋은 경험의 기회를 만들어 주려 했지만 정작 그 변화의 주인공들에게 아무런 설명도 하지 않은 것은 잘못이었다. 그것을 뒤늦게라도 바로잡고 싶어 동영은 오늘 아이들과 이야기할 시간을 마련한 것이다.

"다른 사람들이 좋아서 너희를 팽개치고 시간을 보낸 게 아니라, 너희와 함께할 시간과 공간을 준비하느라 그런 거야. 아빠가 꿈꾸는 생활을 하루빨리 함께하고 싶어서 너희를 전학시킨 건 아빠가 잘못했어."

동영은 준석을 보고 나서 더 오랫동안 서준을 보며 말했다.

"너희 친구 문제를 더 진지하게 고민했어야 했는데 미안하다. 다른 애들이 너희 장점들을 보면 쉽게 친구가 될 수 있을 거라 생각했거든. 정말 미안해. 아빠가 친구를 대신해 줄 수는 없지만, 적어도 이제까지와 똑같은 아빠가 되지는 않을게. 친구 같은 아빠가 되도록 더 노력할게."

동영이 진심 어린 사과를 하자 서준은 마음이 조금 누그러졌다. 하지만 아무 말도 하지 않았다.

"아빠에게 기회를 다시 주겠니? 꿈의 학교가 아니라도 너희와 더 많은 시간을 보내면서 더 재미있게 지낼 일을 또 준비해 볼게."

준석만 고개를 끄덕였다. 동영은 두 아들의 손을 잡았다. 서준은 고개를 숙였다. 그래도 동영의 손을 뿌리치지는 않았다.

*

한 달 뒤, 기말고사가 끝나고 서준과 준석은 자유를 즐기고 있었다. 준석은 더 많은 아이템 보물 창고를 가진 능력자가 되었다. 서준도 체육대회 때 축구 실력을 뽐낸 뒤로 몇몇 반 친구들과 친해졌다. 그리고 친구들과 가끔 동영의 카페에 들러 간식을 나누어 먹으며 즐거운 시간을 보냈다.

그렇게 방학 때까지 시간이 미끄러지듯 흐르던 어느 날, 동영이 합격증을 받아 든 대입 수험생처럼 기쁜 표정을 하고 집에 돌아와 서준과 준석을 찾았다.

"우리 동네 영웅 찾기가 꿈의 학교 프로그램으로 선정됐어."

동영은 들뜬 목소리로 말했다. 그런데 아이들은 시큰둥하기만 했다. 용돈을 더 준다고 좋아하던 준석까지 반응이 미적지근하자 동영은 기분이 나빠졌다. 더 친해지려고 밤늦게까지 같이 게임을 하고 그러고 나서 저 혼자 더 해도 놔뒀던 게 오히려 실수인가 싶었다. 서준이 친구들과 카페에 오면 간식을 듬뿍 내주고 용돈을 넉넉하게 준 것도 괜한 일이었나 싶었다. 물론 그런 덕분에 아이들 표정이 더 밝아지긴 했다. 동영은 가족회의에서 약속한 것도 있고, 억지로 시킨다고 되지 않는다는 것을 잘 알기에 두 아들을 살살 구슬려 보기로 했다.

"아빠, 그때도 내가 꼭 참여하겠다고 한 적은 없잖아요."

서준은 단호하게 말했다.

"형이 안 하면 나도 혼자 뻘쭘하게 참여하고 싶지는 않아."

준석은 동영의 눈치를 보며 말했다.

분위기를 보아 하니 형이 죽으면 너도 따라 죽을 거냐는 식의 유치한 전략으로는 준석에게 먹히지 않을 것 같았다. 동영은 전략을 조금 바꿔서 준석에게 물었다.

"만약 형이 한다고 하면 너도 할래?"

잠시 눈알을 좌우로 굴린 다음 준석이 대답했다.

"응, 그럴게."

준석은 형이 절대로 쉽게 참여하지 않을 거라는 생각에 빙긋이 웃으며 대답했다.

"정말이지?"

"아, 정말이야. 진심. 백 퍼센트 완전 진심."

동영은 고개를 끄덕이고 나서 서준에게 말했다.

"너도 준석이가 참여하면 할래?"

"아빠, 제가 어린애예요? 이제 그런 거 안 먹혀요. 준석이한테는 준석이 인생이 있고, 저한테는 저의 길이 있는 거예요. 너무 세트로 묶으려 하지 마세요."

"좋아. 암튼 준석이가 널 따라와도 막지는 않을 거지?"

"아빠, 저 진짜 하고 싶지 않다니까요. 그러니 준석이가 조르건 따라오건 뭐 막고 자시고 할 것도 없어요. 아예 안 할 거니까."

"좋아. 어차피 하지 않을 테지만, 만약 네가 하게 되면 준석이를 막지는 않겠다고도 할 수 있는 거네."

서준은 동영이 무슨 말을 한 것인지 잠시 되새겨 보느라 눈알을 굴렸다.

"어쨌든, 그런 일은 없을 거라니까요. 그러니 약속이고 뭐고 할 것도 없지요."

"네 의지가 그렇게 확실하다면 절대 흔들리지 않을 거니까, 까짓 거 절대 가망 없는 일이지만 약속해 줄 수도 있는 거 아니야? 네가 약속하지 않으려는 이유는 너도 꿈의 학교에 참여하고 싶은 마음이 있어서 그런 거 아니야? 내뱉은 말이 있는데 뒤엎는 것 같아 창피해서."

서준은 동영이 자꾸 약속을 부추기는 게 찝찝했다. 하지만 동영이 계속 도발해 오자 참을 수 없었다.

"좋아요. 약속해요. 대신 치사하게 용돈을 끊는다든지 눈치를 줘서 어쩔 수 없이 하도록 강요하지 않기예요. 알았죠? 아빠도 약속해요."

"나야 얼마든지 약속할 수 있어."

셋은 확실히 약속할 수 있다고 서로 경쟁적으로 말했다. 서준과 준석은 이제 더는 귀찮지 않게 되었다며 웃으면서 손바닥을 마주쳤다. 동영도 자기 방으로 들어가 미소를 지었다. 그리고 스마트폰으로 누군가에게 문자 메시지를 보내기 시작했다. 그 문자 대화는 새벽 한 시까지 이어졌다.

2
꿈의 학교

"너 미쳤어? 왜 갑자기 꿈의 학교 같은 짓을 하려는 거야?"

서준은 친구 김민성에게 따졌다. 민성은 천연덕스럽게 말했다.

"아니, 왜? 재미있을 거 같지 않아? 학생종합생활기록부느님에게도 말씀 올릴 일인데 해야지. 넌 서울에서 와서 잘 모르겠지만, 시골에서는 별로 쓸거리도 없어요."

"안 그래도 나도 하려고. 우리 엄마 친구 딸이 그거 신청한다는데, 그 학교 여자애들이 장난 아니래."

옆에 있던 권성규까지 나서자 서준은 할 말이 없었다.

"너희 혹시 우리 아빠한테서 무슨 제안 같은 거 받았니? 나랑이 일을 하면 용돈을 준다든지."

"야, 너 미쳤냐? 너네 아빠가 왜 나한테 용돈을 줘? 그리고 내가 그렇게 돈으로 움직일 놈으로 보여?"

민성이 정색을 하자 서준은 어쩔 줄을 몰랐다. 성규가 슬쩍 끼어들었다.

"아, 솔직히 나는 어느 정도는 돈으로 움직이는 거 맞다."

서준과 민석이 눈을 동그랗게 뜨고 성규를 바라보자 성규가 웃으며 말했다.

"아빠가 3종 세트를 제안하더라고. 풍족한 용돈, 행복한 이성 교제, 자유로운 여가 활동!"

"우리 아빠가 너한테?"

서준이 목소리를 높였다. 성규가 코웃음을 치고 나서 말했다.

"너 정말 미쳤냐? 서준 씨 아버님이 왜 남의 소중한 아들인 성규 씨에게 제안을 합니까? 성규 씨 아버님이 그 아드님에게 제안을 하지."

성규의 말에 서준은 한숨을 길게 쉬었다. 그러거나 말거나 성규가 말을 이었다.

"아무튼 얼른 신청해야 해. 학교 게시판에 꿈의 학교 포스터가 쫙 붙었잖아. 동네에도 붙었더라. 최대 50명이라고 했으니까 방학 때 딱히 할 일 없는 놈들 다 붙기 전에 해야 돼. 여기 우리만 해도 벌써 세 명이잖아."

"난 안 해."

서준이 말했다.

"뭐? 너 정말 의리 없게 이럴 거야?"

서준은 민성과 성규의 눈치를 살폈다. 둘의 눈빛을 보니 진지했다. 친해진 지 겨우 한 달. 방학 한 달을 따로 지내면 이 관계가 어떻게 변할지 모른다는 생각이 머리를 스쳤다.

"아냐, 인마. 그냥 한번 튕겨 본 거야."

"그럼 그렇지. 우리 삼총사가 함께해야 제맛이지."

성규가 주먹을 먼저 내밀자, 힙합 전사처럼 서로 주먹을 부딪쳤다. 그길로 셋은 포스터에 적힌 신청 장소로 찾아갔다. 신청 장소를 찾는 건 전혀 힘들지 않았다. 기획 모임이 열리던 곳, 즉 동영의 카페였기 때문이다. 서준은 마치 낯선 사람의 집에 간 것처럼 문을 열고 들어가서 가만히 서 있었다. 두 친구가 동영에게 인사하고 신청 서류를 작성할 때도 그대로 서 있기만 했다.

"서준아, 뭐 해. 얼른 와서 써. 이건 공식적인 일이라 아빠가 대신 써 줄 수가 없어."

동영의 말에도 선뜻 발이 떨어지지 않았다. 동영이 자리에서 일어나 서류를 가져왔을 때 서준은 겨우 힘을 모아 말했다.

"제 친구들을 어떻게 꼬드긴 거예요?"

"뭐?"

"연기하지 마시고요. 솔직히 말씀해 주세요. 어쨌든 신청은 할 테니까요."

"아빠가 어떻게 네 친구들을 꼬드겨?"

"정말 안 꼬드기셨다고요?"

"그래, 안 했어."

"맹세하실 수 있어요?"

"맹세해."

"만약 거짓말하신 게 드러나면 절대 가만있지 않을 거예요."

"그래. 절대 꼬드긴 적 없으니 아빠는 맹세해도 꺼릴 게 없다. 아, 참. 이렇게 말을 하니 생각나서 하는 말인데, 절대 신청할 일 없다고 네가 맹세했던 거 기억하지?"

서준은 천장을 쳐다보며 눈을 감았다. 그러고는 길고 긴 한숨을 내쉬었다.

"준석이한테는 네가 서류 가져가서 직접 신청 받아라. 아빠가 강요한 거라고 오해할 수 있으니 네가 잘 설명해 줘야 해. 준석이가 신청하는 걸 방해하면 아빠가 정말 화낼 거야. 네 신청도 안 받아 주고 용돈도 하나 없다. 며칠 전에 약속한 것도 지키지 않는 셈이니, 그만한 대가는 치러야겠지?"

서준은 눈을 질끈 감았다. 준석의 반응이 확실하게 예상됐다. 그런데 준석의 반응은 예상보다 훨씬 격했다. 중학교 마지막 여름 방학을 멋지게 보내려 했는데 형 때문에 망쳤다며 길길이 날뛰었다.

"그래 봤자 넌 게임밖에 안 할 거였잖아."

서준은 이 말을 하지 말았어야 했다. 준석은 당장 폭발해서 그 파편이 다른 행성에까지 튈 것 같은 분노에 찬 목소리로 대들었다. 결국 서준은 준석의 분노를 잠재우려고 고등학교 2학년 때까지 게임하면서 모아 놓은 아이템을 몽땅 갖다 바쳐야 했다. 일 년 용돈을 착실히 모아서 산 피규어와 함께.

한바탕 난리 법석을 치르고 나서야 준석은 외교 문서에 서명하는 것처럼 우아하게 자기 이름을 신청서에 적었다. 그러고는 얄밉게 말했다.

"생각해 보니 이렇게 이상한 일을 해 보는 것도 내 인생에 나쁘지는 않을 것 같아."

서준이 약 올라 할수록 준석은 신이 났다.

"이런 골 때리는 일에 참여할 만큼 이상한 동네 사람들을 언제 또 세트로 만나겠어. 아, 형 친구들이 그렇다는 말은 절대로 아니야."

서준이 더는 참지 못해 준석에게 달려들려고 할 때 현관문 열리는 소리가 들렸다. 거나하게 취한 얼굴로 동영이 두 아들의 이름을 기분 좋게 불렀다.

"어, 아빠, 술 마셨어?"

"그래, 아빠가 기분 좋아서 한잔했다. 암튼 너희 둘 다 신청서 작성했지?"

서준이 신청서를 내밀자 동영의 표정이 더 밝아졌다.

"아빠, 그때 약속한 용돈도 주는 거야?"

"그럼, 주고말고."

준석이 묻자 동영은 고개를 끄덕이며 말했다.

"그리고 형한테도 줄 거야."

그 말을 들으며 서준은 방으로 들어가 버렸다. 동영은 싸움에서 승리한 전사처럼 함박웃음을 지었다. 서준은 이어폰에서 흘러나오는 음악 볼륨을 더 높였다.

＊

꿈의 학교 '우리 마을 영웅 찾기'는 준석이 다니는 중학교 시청각실에서 방학과 동시에 시작했다. 입장하는 사람들에게 전체 프로그램 내용을 담은 종합 안내서가 배포되었다. 매주 수요일, 1회부터 5회까지는 영웅에 관한 강연과 토론을 통해 이론을 공부하고, 6회부터 9회까지는 현장 조사, 마지막 10회째에는 발표를 하는 약 10주에 걸친 빡빡한 일정이었다. 3회차 뮤지컬 관람만 한숨 돌릴 수 있는 시간처럼 보여 사람들은 고개를 절레절레 흔들었다. 전체적으로는 예상 외의 참여 열기와 흥분 속에 분위기가 어수선했다.

학생 신청자만 마흔네 명, 어른까지 합쳐서 모두 쉰여섯 명이 첫 모임에 참석했다. 방학 첫날이지만 학생들이 대부분 교복을 입고 와서 어느 학교 몇 학년인지 알 수 있었다.

동영이 진행자로 나서 사회를 봤다. 첫 순서로 김성학이 종합 안내서를 중심으로 프로그램 세부 내용을 설명했다. 그리고 외부 강사를 소개했다.

"영웅에 관한 다양한 이론들을 말씀해 주실 전윤상 강사님이십니다. 전윤상 강사님은 5회에 걸친 이론 수업 이후에 최종 영웅 찾기 조별 결과물 심사까지 맡아 주실 겁니다."

사람들은 기대감을 안고 박수를 쳤다. 그러나 서준은 꿈의 학교 소개만 듣고도 벌써 지루해졌다. 교복을 깔끔하게 입고 온 여고생들만 아니라면 불량스럽게 의자 등받이에 뒷목을 걸친 채로 다리를 쭉 뻗고 싶을 정도였다.

준석이 보기에도 강사가 너무 평범했다. 영웅에 관한 이론을 알면 강사 자신부터 영웅이 되지 그랬느냐는 말이 목구멍까지 올라왔다.

"영웅이라고 하면 여러분은 뭐가 떠오르시나요?"

강사가 질문을 던졌다. 그러나 사람들은 대답은 않고 대부분 미소만 지었다. 말하지 않아도 다 알지 않느냐는 표정으로. 역시나, 하는 표정을 살짝 짓고서 강사는 다시 물었다. 그러자 모기 소리만 하게 웅얼거리는 소리가 여기저기에서 나왔다. 강사는 마이크를 끄더니 마치 광장에서 크게 구호를 외치는 것처럼 쩌렁쩌렁 울리도록 더 큰 소리로 물었다. 덕분에 서준도 정신이 번쩍 들었다. 그제야 청중석에서 여러 사람들에게 다 들릴 만한 목소리로 대답이 나왔다. 이순신 장군, 세종대왕이라는 대답도 있었지만 주로 블록버스터 영화에 등장하는 슈퍼히어로들이었다.

강사가 표정을 풀면서 말했다.

"자유롭게 말씀하세요. 정답이 있는 것도 아니지만 틀린다고 벌을 주는 것도 아니니까요."

"맞힌다고 좋은 상을 주는 것도 아니잖아요."

준석이 말하자 강사는 준석을 보며 말했다.

"아, 게임에서 미션을 클리어하면 아이템 얻는 것처럼 진행하기를 원하는군요?"

준석은 반갑게 고개를 끄덕였다.

"좋아요. 그러면 문화 상품권을 걸고 중간중간 퀴즈를 내도록 하겠습니다. 자, 여러분 혹시 오디세이아, 또는 오디세이라고 아시나요? 아는 분은 손 들어 주세요."

"아이, 장난하세요? 당연히 알지요."

준석이 1초의 머뭇거림도 없이 맨 먼저 손을 들고 기분 상한다는 투로 대답했다. 지켜보는 동영의 마음속에서 아이들이 책을 읽지 않는다고 그동안 너무 무시한 건 아닌가 반성하는 생각이 막 고개를 들 때, 준석이 당당하게 말을 이었다.

"일본 RPG 게임 레전드 중 하나잖아요. 〈파이널 판타지〉 제작진이 참여해서 퀄리티도 짱 좋고."

사람들은 웃고, 동영은 좌절했다. 강사도 웃으면서 준석에게 다가가 문화 상품권을 손에 쥐어 주었다.

"좋아요. 이런 식으로 하는 거예요. 영웅에 관한 강연에서 남들보다 용기 있게 나섰으니 일단 상품을 줄게요. 그렇지만 제가 원하는 답은 아니었어요. 저는 그런 게임이나 영화에 나오는 영웅 이야기의 원형인 오디세이아 신화를 말한 거예요."

"신화?"

"트로이 전쟁 알지요?"

"네, 영화에서 봤어요."

청중석에서 한 고등학생이 말했다.

"아, 영화를 보셨군요. 영화와 신화는 조금 다른데, 신화를 읽으신 분 있나요? 누가 신화의 줄거리를 정확히 말씀해 주신다면 지금처럼 선물을 드리겠습니다."

잠시 정적이 흘렀다. 민성이 서준에게 귓속말로 물었다.

"너 혹시 모르니? 너네 아빠가 오늘 뭐 할 거라고 힌트 주지 않았어?"

"아니, 몰라. 난 발뒤꿈치 문제로 쪽박 찬 아킬레우스라는 몸짱 아저씨만 기억나."

강사는 사람들을 죽 둘러보고 나서 말했다.

"하긴 트로이 전쟁 자체가 중요한 것은 아닙니다. 트로이 전쟁이 왜 일어났고 어떻게 진행되었는지는 『일리아스』라는 책에 나와요. 우리가 오늘 살펴볼 『오디세이아』는 트로이 전쟁이 끝난 다음의 이야기입니다. 줄거리를 저와 함께 찬찬히 살펴보겠지만, 오디세이아 신화는 오디세우스가 집으로 돌아오는 과정을 다룬 이야기입니다. 직접 읽어 보면 아주 재미있어요."

강사의 설명에 서준이 고개를 돌려 민성을 보고 피식피식 웃으면서 말했다.

"우주로 가서 악당을 물리치는 것도 아니고, 지구를 구하는 것도 아니고, 그냥 자기가 살던 집으로 돌아오는 이야기가 재미있으면 얼마나 재미있으려고?"

서준은 평소 음량으로 말했다. 다만 너무 조용한 곳에서 강사를 보지 않고 말한 것이 문제였다. 강사는 목소리의 주인공을 놓치지 않았다.

"거기 학생, 무슨 말이에요? 영웅 이야기는 대부분 집으로 돌아오는 이야기예요. 그 속에서 재미가 나오는 거라고요."

그 말에 준석이 형을 도와준다는 생각으로 말했다.

"저희는 매일 학교에 갔다가 집에 돌아와도 별로 재미가 없는데요? 아빠도 일하고 돌아와서 힘들다는 말을 더 많이 하지, 재미있었다고는 잘 하지 않아요."

준석이 동영을 슬쩍 보면서 말한 덕분에 사람들의 눈길이 동영에게 쏠렸다. 동영은 멋쩍어하며 웃었다.

강사가 손뼉을 치며 말했다.

"바로 그거예요. 그게 영웅이 특별한 점 중의 하나예요."

강사는 오디세이아 이야기를 풀어 놓기 시작했다.

"오디세우스는 트로이를 멸망시킨 영웅들 중 하나인데, 트로이를 망하게 했다는 이유로 신들의 미움을 받아 무려 10년이라는 세월을 바다에서 보내야 했습니다. 전쟁이 끝난 뒤 귀향길에 오른 오디세우스 일행은 폭풍에 밀려 연꽃 먹는 사람들의 나라에 도착했어요. 거기에서 연꽃을 먹은 사람들은 모든 세상사에 관심을 잃고 몽롱한 정신 상태가 되어 고향으로 가는 것마저 잊었지요. 그래서 오디세우스가 그들을 억지로 배에 태워 다음 모험으로 나섭니다."

"연꽃이 아니라 마약이었나 봐?"

준석이 깐죽거리며 말했다. 그 말을 받아 옆에 있던 같은 학교 친구도 말했다.

"아냐, 어쩌면 연꽃을 먹으면 정말 그렇게 되는지도 몰라. 우리 연밥 먹으러 갈 땐 조심해야겠다."

준석과 친구가 킥킥거리며 한마디씩 했다. 그러자 강사가 엄한 표정으로 말했다.

"게임처럼 진행해 달라고 했죠? 잘한 행동에는 상이, 잘못한 행동에는 벌이 있어요. 그 점을 잊지 말아 주세요."

강사뿐만 아니라 다른 사람들의 따가운 시선을 느낀 준석과 친구는 벌게진 얼굴로 고개를 푹 숙였다. 잠시 후 강사는 다시 이야기를 이어 나갔다.

"식량을 얻기 위해 어떤 섬에 상륙한 오디세우스 일행은 동굴에서 치즈와 먹을 것들을 발견했지요. 그런데 그곳 주인은 바로 외눈박이 괴물이었어요. 그 괴물은 오디세우스의 부하들을 한 끼에 두 명씩 모두 여섯 명을 잡아먹고, 오디세우스에게는 이름을 알려 주면 선물을 주겠다고 약속했습니다."

강사는 오디세우스가 자기 이름은 '무명씨'(Nobody)라고 하자 괴물이 선물로 그를 맨 나중에 잡아먹겠다고 한 이야기와, 오디세우스와 부하들이 포도주로 괴물을 잔뜩 취하게 한 다음 뜨겁게 달군 쇠로 눈을 찌르고 탈출한 이야기를 실감 나게 들려주었다. 서준 형제를 포함한 청중들은 조금씩 흥미를 느끼며 몰입하기 시작했다. 무사히 섬을 빠져나온 오디세우스가 괴물을 놀리며 자기의 진짜 이름을 말하자 화가 난 괴물이 자신의 아버지인 바다의 신 포세이돈에게 원수를 갚아 달라고 빌었고, 포세이돈이 괴물의 기도를 받아들여 오디세우스가 귀향길에 엄청난 고난을 겪게 만든다는 대목에 이르렀다. 서준은 '나름 이야기 떡밥도 던졌다가 연결하고, 제법이네.' 하고 생각했다.

강사는 속도감 있게 줄거리를 계속 말해 주었다.

"오디세우스는 바람의 신 아이올로스와 그의 열두 자녀가 사는 떠다니는 섬에 들러 바람이 가득 든 자루를 선물로 받았어요. 아이올로스는 그에게 어떤 바람을 이용해야 고향인 이타카로 돌아갈 수 있는지 자세히 알려 주었지요. 그런데 배가 이타카 근처에 다다랐을 때, 오디세우스의 부하들은 그 자루 안에 오디세우스가 독차지할 금은보화가 들어 있는 줄 알고 몰래 자루를 열었어요.

그 바람에 배가 아이올로스의 섬으로 다시 돌아가고 말았어요."

"뭐가 문제지요? 바람이 든 자루를 또 얻으면 되잖아요?"

이야기에 푹 빠져 있던 한 아주머니가 불쑥 말했다. 강사는 능숙하게 대답했다.

"그러지 못했어요. 아이올로스는 일이 이렇게 된 건 신들이 진노한 탓일 거라며 더는 도와주기를 거부했거든요. 덕분에 오디세우스는 다시 바다로 나아가 항해를 계속해야 했지요. 그러다가 어느 섬 근처에 이르렀는데, 그 섬에 누가 사는지 알아본 뒤에 상륙하자고 부하들에게 경고했어요. 그러나 부하들은 그 섬의 항구에 닻을 내렸어요. 오디세우스의 배만 닻을 내리지 않았죠. 그런데 괴물들이 나타나 바위를 던져 배를 부순 다음 창으로 선원들을 찔러 물속에 띄워 놓는 겁니다."

"왜요?"

"나중에 잡아먹으려고 저장해 두는 거지요. 그 모습을 본 오디세우스는 남은 부하들을 이끌고 재빨리 그 섬을 떠나요."

강사는 오디세우스가 태양신 헬리오스의 딸 키르케가 살고 있는 아이아이아 섬에서 겪은 일도 이야기해 주었다.

"키르케는 어떤 음식을 먹여 오디세우스의 부하들을 돼지로 변하게 만들었어요. 그중 한 부하가 탈출해서 오디세우스에게 이 소식을 전했지요. 오디세우스가 급히 부하들을 구하러 떠나는데, 도둑과 지혜와 여행의 신 헤르메스가 나타나 키르케의 마술을 피하고 부하들을 다시 사람으로 만드는 방법을 가르쳐 주었어요. 드디어 오디세우스는 키르케를 굴복시켰어요. 키르케는 일 년 동안 오디세우스와 그의 부하들을 대접한 다음, 지하 세계에 내려가 테베의 예언자 테이레시아스를 만나면 고향으로 돌아가는 길을 알려 줄 거라고 말하지요."

"에이, 그건 진짜 이상하네요. 집에 안 가고 일 년 동안 대접을 받다니, 정말 집에 가고 싶었던 사람들 맞아요?"

이번에도 아까 말했던 아주머니가 물었다. 그 말에 강사가 고개를 가로저었다.

"허술한 게 아니라 현실적인 거지요. 우리도 무얼 이루고 싶다면서도 중간에 뭐가 끼어들면 딱 잊어버릴 때가 있잖아요. 꼭 다이어트에 성공해야겠다고 마음먹고서도 방송에서 맛난 게 나오면 식욕을 누르지 못하고 음식을 입에 집어넣게 되는 사람들처럼, 금연이나 금주를 결심하고도 사람들과 만나 삼겹살이라도 구워 먹게 되면 다시 술이나 담배를 찾는 사람들처럼, 며칠 앞으로 다가온 시험 공부를 하다가 잠깐 머리 식힌다며 게임에 접속한 순간 그냥 까맣게 잊고 하얗게 날밤 새우는 학생들처럼 말이에요."

강사가 장난기 가득한 미소를 지으며 청중을 빙 둘러보았다. 질문한 아주머니를 비롯해 시청각실에 있던 모든 사람이 멋쩍어하며 공감하는 웃음을 터뜨렸다.

강사는 키르케의 조언에 따라 지하 세계로 내려가 테이레시아스를 만난 오디세우스 이야기를 더 실감 나게 이어 갔다. 오디세우스는 고향으로 돌아가는 길에 부하들을 모두 잃고, 고향에 도착해서는 자기 아내 페넬로페를 괴롭히고 자기 재산을 축낸 구혼자들을 모두 죽이게 되리라는 예언을 접한 뒤, 지하 세계에서 나온다. 여기까지 이야기하고 나서 강사가 말했다.

"이 부분이 소설과 영화로 따지면 복선에 해당하지요. 어떤 분은 결말을 미리 다 보여 줘서 재미없다고 생각하실 수도 있겠어요."

서준은 학교에서 배운 복선 정도가 아니라 완전 스포일러 대방출이라고 생각했다. 더 알아볼 맛이 나지 않을 정도로. 서준의 그런 생각을 읽기라도 한 것처럼 강사가 말했다.

"하지만 어떤 일들이 벌어질지 미리 밝혀 둔다면 확인하는 재미가 있고 더 스릴 넘치잖아요. 요즘 영화에서도 그런 기법을 쓰지요. 탁자 밑에서 갑자기 폭탄이 터지기보다, 탁자 밑에 폭탄이 있는 장면을 먼저 보여 주고 주인공들이 그 사실을 모른 채 움직이지요. 그런 장면에서는 내내 긴장의 끈을 놓칠 수 없지요."

그제야 서준도 고개를 끄덕였다. 한 번 깜짝 놀라고 마는 것보다, 범죄 사건의 진행 과정과 결과를 먼저 보여 주고 단서를 캐 가는『셜록 홈즈』같은 탐정물이 주는 재미를 알기 때문이었다.

"여러분 사이렌 알지요?"

"무슨 경보 울릴 때 나는 소리? 그 사이렌 말인가요?"

한 학생이 묻자 강사가 고개를 끄덕였다.

"네, 맞아요. 그런데 그 사이렌이 오디세이아 신화에 나옵니다. 단, 시끄러운 경고음이 아니라 아름다운 노래로 선원들을 유혹해서 잡아먹는 새 모양의 괴물로 나오지요. 키르케를 통해 사이렌, 즉 세이렌의 위험을 알게 된 오디세우스는 부하들의 귀를 밀랍으로 메워 세이렌의 노랫소리를 못 듣게 하고, 부하들을 시켜 자기 몸을 돛대에 묶게 한 다음 그들의 노래를 들으며 배를 조종해서 멀리 도망가지요."

강사는 오디세우스가 하체는 아름다운 여인이지만 상체는 개의 머리와 날카로운 이빨을 가진 여섯 마리 뱀의 형상을 한 괴물 스퀼라에게 여섯 명의 부하를 잃은 이야기도 해 주었다. 그리고 바람에 밀려 트리나키아 섬에 도착했을 때 굶주림에 지친 부하들이 오디세우스의 명령을 어기고 소 떼에 손을 댄 탓에 제우스 신의 분노를 사서 폭풍과 번개에 부하들을 모두 잃은 이야기, 무시무시한 소용돌이를 만났다가 나뭇가지를 붙잡고 살아나는 이야기도 해 주었다.

그때 준석이 혼잣말처럼 말했다.

"모험이 완전 네버 엔딩이네."

"네버 엔딩? 아니, 이제 끝이에요."

"네?"

"다시 표류하던 오디세우스는 요정 칼립소의 섬에 도착한 뒤 그곳에서 7년을 머물러요."

"네에? 7년을요? 10년 가운데 1년을 대접받는다고 보낸 것도 황당한데, 7년이라니? 도대체 얼마나 대접을 잘해 줬길래 그랬을 까요?"

이번에는 다른 아주머니가 기가 막히다는 표정으로 물었다.

"칼립소는 사랑의 이름으로 오디세우스를 붙잡아요. 그리고 자 기 옆에 계속 머무른다면 오디세우스를 불멸의 존재로 만들어 주 겠다고 제안했어요. 하지만 그는 고향에 있는 아내에게 돌아가고 싶어 했지요. 제우스 신은 자신의 전령 헤르메스를 칼립소에게 보 내 오디세우스를 놓아주라고 말해요. 그래서 그는 다시 섬을 떠나 우여곡절 끝에 이타카까지 가게 되지요."

"해피 엔드! 이제 정말 끝이구나."

준석이 말했다. 그러자 강사가 집게손가락을 펴서 좌우로 흔들 며 말했다.

"아니, 조금 더 남았어요. 고향에서 기다려 온 사람과의 재회도 하나의 모험으로 만들었거든요."

"와, 진짜 철저하네."

강사는 준석에게 눈을 찡긋하고 나서 이야기를 이어 갔다.

"이타카의 왕이었던 오디세우스가 트로이 원정을 위해 고향을 떠난 뒤 거의 20년 동안 페넬로페는 남편이 돌아오기만을 기다렸어요. 하지만 백성들 생각은 달랐어요. 왕 없이 오랜 시간을 보낼 수 없다는 거죠. 왕비인 페넬로페에게 많은 남자들이 구혼했지요. 그러자 그녀는 시아버지의 수의를 다 짜면 그때 한 명을 골라 결혼하겠다고 약속했어요. 그러고는 낮에 짰던 만큼 밤에 풀고, 이튿날 다시 짜고 또 풀며 3년 동안 결혼을 미뤘어요. 그런데 그 비밀이 드러나 더는 미루지 못하게 된 바로 그때 오디세우스가 고향으로 돌아온 거예요."

"춘향전에서 변학도의 괴롭힘이 최고로 높아졌을 때 이몽룡이 등장하는 것과 비슷하네요."

진행자인 동영이 거들자 강사는 반갑게 그 말을 받았다.

"그래요, 맞아요. 그런 거예요. 이몽룡이 변장하고 춘향을 만난 것처럼 오디세우스도 아테나 여신의 도움으로 변장한 뒤 페넬로페를 찾아가요. 자기 정체를 숨긴 채 아내의 진심을 확인해 보는 거지요, 쪼잔하게. 먼 옛날부터 남자는 이렇게 끝까지 이기적인 동물인가 봐요."

강사의 말에 여성들이 격하게 고개를 끄덕였다. 준석과 서준은 자신도 남성이면서 그 말을 태연히 하는 강사가 어이없어 입을 쩍 벌렸다.

"아무튼 페넬로페는 오디세우스의 활에 줄을 끼워 열두 개의 도끼를 꿰뚫을 수 있는 사람과 결혼하겠다고 해요. 다음 날, 구혼자들 중 아무도 성공하지 못한 채 물러나자 오디세우스가 나서지요."

"뻔하네. 자기 활에 특출난 경험치까지 있으니 열두 개의 도끼를 뚫고 그 활로 구혼자들을 죽였겠군요."

준석이 말했다.

"맞아요."

"짠! 제가 또 맞혔으니 선물 주세요."

준석의 말에 강사는 또 손가락을 좌우로 흔들며 말했다.

"아, 잠깐. 이건 아까 예언에 나온 말이잖아요. 부하들은 다 잃고 구혼자들을 죽일 거라고."

잠시 준석이 머리를 굴리고서 말했다.

"맞혀서가 아니라 열심히 들었으니 선물 주시면 안 되나요?"

"그렇게 따지면 여기 열심히 듣고 계신 다른 분들께도 드려야 해요. 대신 퀴즈에 단독으로 도전할 수 있는 기회를 줄게요."

"어떤 퀴즈인데요?"

"구혼자들을 모두 처치한 오디세우스는 아내에게 자기 정체를 드러내요. 그러나 페넬로페는 신중한 여자였어요. 그녀는 그가 진짜 자기 남편인지 확인하기 위해 오디세우스에게 뭔가를 해 보라고 했어요. 그게 뭘까요?"

준석은 여태까지 했던 모든 게임과 여태까지 봤던 모든 영화를 머릿속으로 뒤져 닥치는 대로 말했다. 하나만 걸려라 하는 심정으로. 처음에는 사람들이 마냥 웃었다. 하지만 준석이 계속 다른 것을 들이대며 우기자 주변 공기가 이상해졌다. 끝내 서준이 딴죽을 걸었다.

"야, 이제 그만해. 창피하다."

이 말에 준석은 화가 났다. 강사도 언짢아했다.

"최선을 다하고 있는 사람에게 창피하다고 하다니……. 그만하라고 말한 학생은 가만히 있기만 했잖아요. 그게 더 창피한 것 아닌가요?"

잠시 정적이 흘렀다.

"자, 그렇다면 본인이 이 문제를 맞혀 보겠어요?"

강사의 말에 민성이 서준을 도와주려고 나섰다.

"이번 퀴즈는 쟤 전용 퀴즈라고 그러셨잖아요."

강사가 고개를 끄덕였다.

"좋아요. 이번 퀴즈에는 제가 직접 답을 할게요. 그렇지만 이번 강연 끝나고 다음 시간까지 내 주는 조 모임 과제는 학생이 제일 먼저 발표해야 합니다."

"네, 좋아요."

민성이 반항기 가득한 말투로 대답했다.

"아니, 학생 말고 아까 창피하다고 했던 그 학생이요."

민성은 서준을 두둔하려고 준석이 서준의 친동생이라서 편하다 보니 격하게 표현한 것이라고 말하려 했다. 하지만 서준이 먼저 두 눈을 치켜뜨며 말했다.

"좋습니다. 그럴게요."

서준은 오해건 뭐건 강연 내내 잘난 체한 강사의 콧대를 확 꺾어 자기를 무시한 복수를 해야겠다고 생각했다.

"기대하겠습니다."

강사는 얄밉게 고개를 끄덕인 뒤 다른 사람들을 보면서 말했다.

"아까 퀴즈의 정답은 오래전에 오디세우스가 만들어 준 침대를 묘사해 보라고 한 것입니다. 즉 오직 당사자만 알 수 있는 것을 물어본 것입니다. 당연히 오디세우스는 자기가 만든 침대를 정확히 묘사했어요. 페넬로페는 그제야 진심으로 기뻐하며 그를 맞이했어요. 자, 이제 정말 오디세이아 신화의 끝입니다. 여러분에게는 영웅 이해의 시작이겠지만요."

강사가 고개 숙여 인사하자 사람들이 모두 박수를 보냈다. 서준과 친구들만 빼고.

동영은 형에게서 핀잔은 들은 준석이나 강사에게서 갑자기 과제를 받은 서준이 둘 다 걱정되었지만 지금으로서는 그저 지켜보는 것이 상책이라 여겼다.

쉬는 시간이 지나고 다시 강연이 시작되었다.

"앞서 살펴본 영웅 이야기에는 열두 단계의 일정한 패턴이 있어요. 그 패턴을 알면 영웅의 가치를 더 잘 알 수 있지요."

강사는 영웅 이야기의 열두 단계와 오디세이아 신화를 비교하면서 다시 설명했다. 강사의 설명을 들으면서 준석은 오디세이아 신화가 영웅 이야기의 패턴과 어떤 점은 딱 맞아떨어지고 어떤 점은 어긋나는 것 같다고 생각했다. 강사도 열두 단계는 표준 패턴이기 때문에 세세한 요소에서는 차이가 날 수 있다고 말했다.

강연 끝머리에 강사가 덧붙였다.

"이제 여러분이 토론을 통해서 그 열두 단계에 맞는 영웅 이야기를 또 찾아보세요. 그리고 다음 주에 만났을 때 조장이 그 패턴에 맞는 영웅 이야기를 발표하는 것입니다. 단, 오늘 제가 해 드린 오디세이아 신화는 안 돼요. 다른 영화도 좋고 전설도 좋습니다. 곧바로 이 동네 영웅을 찾으셔도 좋아요. 발표가 우수한 조에는 그에 걸맞은 점수를 드리겠습니다. 제가 알기로는 3등까지 시상 하는 것으로 알고 있거든요."

사람들은 고개를 끄덕였다. 프로그램 안내 때 들은 내용이었다.

"맨 처음 발표할 조는 정해졌습니다. 그 조의 임시 조장도 정해 졌지요."

강사는 손바닥을 펴서 서준을 가리켰다. 서준은 입을 꾹 다물고 천천히 고개를 끄덕였다.

"그럼, 모두 조 편성을 하고 조장을 뽑으세요. 아니다 싶으면 중 간에 투표를 통해 조장을 바꿀 수 있습니다. 일단 첫 번째 과제를 통해 시험한다 생각하고 정해 주세요. 오늘 조금이라도 토론을 하 고 가야 다음 주에 또 토론하고서 바로 발표하실 수 있을 거예요. 워크북을 드릴 테니 거기에 실린 영웅의 열두 단계를 잘 살펴보고 영웅 이야기를 찾아서 채워 넣으시기 바랍니다."

3
영웅 이야기에는 패턴이 있다!

　진행자 동영이 마이크를 잡았다. 동영의 안내에 따라 한 조에 다섯 명씩 열한 개 조로 나누는 작업이 시작되었다. 중학생과 고등학생 구분 없이 여학생의 이름을 적은 쪽지를 넣은 상자에서 두 명, 남학생 이름 쪽지를 넣은 상자에서 두 명을 뽑았다. 청소년은 조마다 무조건 네 명씩 들어가게끔 추첨하고, 나머지 인원으로 어른들이 들어가게 했다. 마지막 조는 남은 한 명까지 넣어서 유일하게 여섯 명이 한 조가 되었다.

　서준은 2조가 된 민성, 6조가 된 성규와 헤어져 3조에 들어갔다. 자리를 옮기느라 한바탕 혼란스러운 시간이 흐른 뒤 동영이 말했다.

　"조별로 자기소개를 한 뒤에 조장을 뽑고 조 이름을 정하세요. 그런 다음 과제를 어떻게 해결할지 조장의 진행에 따라 토론하시면 됩니다. 조장은 어른이 맡지 말고 청소년이 맡을 수 있게 해 주세요. 어른이 하면 최종 심사 때 2점 감점입니다."

동영의 말이 끝나자 서준이 속한 조의 사람들이 모두 서준을 바라보았다. 서준은 강사에게 욱하는 심정에서 일단 과제를 하겠다고는 했지만 이런 상황은 계산에 넣지 않았다. 서준이 우물쭈물하자 옆에 앉은 여학생이 서준을 보며 말했다.

"조장님부터 자기소개를 하고 얼른 조 이름 정하지요?"

서준의 눈길이 자연스럽게 그 여학생 얼굴로 향했다. 검은 눈동자가 아주 깊어 보였고, 그 검은 눈동자에서 빛이 뿜어져 나오는 것 같았다. 서준은 저도 모르게 정지된 자세로 그 여학생의 눈을 계속 들여다보았다. 그러자 그 여학생은 밝게 웃으며 말했다.

"아차, 조장님은 자기소개를 마지막에 하고 싶어 할 수도 있다는 생각을 제가 못 했네요. 그러면 저부터 오른쪽으로 돌아가면서 해요. 저는 진접여고 1학년 김태희입니다. 아빠가 강력히 추천하기도 했지만, 우리 동네에서 영웅을 찾는다면 정말 멋질 거라는 생각에 신청했습니다. 이웃이자 선후배인 여러분도 새롭게 만나 친해질 수 있어서 좋고요. 앞으로 잘 부탁드립니다."

태희는 자기 이름과 꿈의 학교에 들어온 이유를 똑 부러지게 말했다. 그다음에는 다른 조에 들어간 중학생의 엄마라고 밝힌 박미숙이 나섰다. 올림머리를 한 것 등 외모가 같은 성씨의 여성 정치인을 꼭 닮아서 혹시 먼 친척이 아닌가 물어보고 싶을 정도였다. 박미숙은 조원들 중 최고 연장자로서 기운을 내 잘 이끌어 보려고 한다는 등 장황하게 이야기를 계속했다. 태희가 조장은 학생 중에서 정하기로 되어 있다는 원칙을 말해 주고 나서야 박미숙은 이야기를 멈췄다.

서준의 귀에는 그 이야기가 전혀 들어오지 않았다.

'어떻게 하면 멋지게 보일 수 있을까?'

서준의 머릿속에는 온통 이 생각뿐이었다. 그때 한 남학생이 자리에서 일어났다.

"앉아서 해도 되는데."

태희가 말했지만 남학생은 그냥 웃으며 입을 열었다.

"저는 진접중학교 3학년 박준완입니다. 간단하게 완사마라고 기억하셔도 됩니다."

"한류 스타 같고 좋네."

박미숙이 맞장구를 쳐 주었다. 하지만 서준은 지나치게 당당한 준완의 모습이 왠지 마음에 들지 않았다.

'이름도 그때 게임방에서 봤던 박완 자식이랑 비슷하네. 그런 놈들은 다 이런 이름인가 봐. 얼굴도 그렇고, 딱 사마귀라고 불러 주면 좋겠군.'

준완은 자기는 언론인이 되고 싶고, 학교에서는 토론회를 많이 해 봤지만 실제 현장을 다니며 조사하는 것은 처음이라 떨린다면서도 차분하게 자기소개를 했다.

'어라, 떨리는 거 맞아? 폼 잡기는. 재수 없게.'

그다음에는 중학교 1학년 김예슬이 아무 생각 없이, 부모가 시켜서 왔다는 게 고스란히 드러나도록 중구난방으로, 하지만 내내 밝은 표정으로 이야기했다. 서준은 자기가 말을 조리 있게 잘하면 예슬과 비교되어 더 멋져 보일 수도 있겠다는 생각에 속으로 기뻐하며 입을 열었다.

"저는 진양고등학교 2학년 윤서준입니다. 서울에 살다가 올해 진접읍으로 이사 왔습니다. 그래서 이 동네의 모든 것이 궁금하던 차에 꿈의 학교 이야기를 듣고 바로 신청했습니다. 여러 다른 학생들과 만나 친해질 수 있는 기회가 생긴다는 것도 좋았고요. 앞으로 잘 부탁드립니다."

조원들의 박수와 함께 자기소개가 다 끝나자, 박미숙이 나섰다.

"그러면 우리도 조장을 뽑아야 하지 않나?"

"우리는 벌써 조장이 정해졌잖아요."

태희가 옆에 있는 서준을 가리키며 말했다.

"언제?"

"아까 강사님이 말씀하셨잖아요."

"아, 그 친구가 이 친구였어? 나는 뒤에 앉아 있어서 누군지 몰랐지. 그래서 아까도 조장이라고 불렀구나. 나는 둘이 같은 학교인 줄 알았지. 같은 동아리에서 무슨 조장 같은 거 맡아서 그런가 보다 했네."

"어, 저는 여고 다니는데요. 조장은 첫인상이 일단 남자인 것 같은데."

태희가 웃으며 말했다.

"아무튼 덕분에 우리가 다른 조보다 일찍 시작할 수 있어 좋잖아요. 이제 조 이름을 만들면 돼요."

태희의 말이 끝나자 서준은 겸연쩍은 표정을 지으며 조원들에게 말했다.

"조 이름은 뭐로 할까요?"

"조장님은 어떤 이름으로 하면 좋겠어요?"

태희가 서준에게 물었다. 서준은 생각해 보지 않았지만 명색이 조장인데 사실대로 말할 수는 없었다.

"새 이름을 해도 좋고, 동물 이름도 좋고, 아이돌 그룹 이름 비슷한 것도 좋고……."

말을 하면서 시간을 벌려고 하는데 태희가 말허리를 자르며 물었다.

"그래서 딱 하나를 정하자면 뭐가 좋겠어요?"

서준은 대답하지 못했다.

"어차피 이름이 중요한 게 아니라 우리 과제가 더 중요한 거잖아요. 그러니 이런 일에 시간을 쓰지 말고, 너무 창피하지 않은 수준에서 조장님이 정하기로 해요."

어느새 태희가 진행을 맡고 있었다. 조원들도 조장인 서준보다 태희를 더 많이 바라보았다. 서준은 차라리 태희가 조장이면 더 어울리겠다는 생각이 들었다. 어쩌면 다른 조원들도 그렇게 느낄지 모른다는 생각에 서준은 자신이 없어져서 고개를 숙인 채 조원들의 손만 내려다보았다.

침묵 속에 시간이 흐르자 태희가 다시 나섰다.

"간단하게 조장님 이름을 따서 윤서준 조라고 할까요? 이름이 중요한 게 아니라 과제가 더 중요하니까요."

그러자 박미숙과 준완이 당장 반발했다. 서준은 그 모습에 오기가 생겨 이렇게 말했다.

"그럼 공평하게 각자의 성을 따서 박김윤조라고 하면 어때요? 두 분 성을 먼저 배치했으니까 됐죠?"

두 박씨가 뭐라고 할 새도 없이 태희가 서준의 말을 받았다.

"좋은데요? 자, 이제 과제를 해결해 볼까요?"

워크북에는 강사가 설명해 준 영웅 이야기의 열두 단계가 다음과 같이 정리되어 있었다.

1단계 평범한 세계

영웅의 일상적이고도 평범한 세계에서 이야기가 시작한다.

2단계 모험의 소명

평범하던 세계의 안정이 깨지고 변화가 일어나는 단계이다. 변화에 대한 대응으로 영웅에게 소명이 주어진다.

3단계 소명의 거부

마땅히 누군가는 해야 할 임무이지만, 과연 자신이 해낼 수 있는 것인지, 자기만이 할 수 있는 일인지 답을 내리지 못하고 한 번쯤 거부하게 마련이다. 소명이 거부될 경우 긴장감이 극대화된다.

4단계 조력자와의 만남

결국 영웅은 소명에 걸맞은 모험을 떠나서, 자기 힘만으로는 해결하기 벅찬 장애물을 만나게 되어 있다. 그 장애물은 적합한 조력자를 만났을 때에야 극복된다.

5단계 **관문의 통과**

영웅이 내재적인 힘을 스스로 확인하는 단계이다. 진정한 영웅이 되기 위한 용기와 의지를 확인하고 모험을 시작한다.

여기까지 읽고 나자 서준의 머릿속에 영웅 이야기 하나가 떠올랐다. 영화〈맨 오브 스틸〉이었다. 주인공은 어릴 적 평범하게 생활하다가 아버지가 죽은 다음 방랑을 시작해 남극까지 가게 되고, 결국 슈퍼맨으로서 지구 평화를 지켜야 하는 '모험의 소명'을 받는다.

'이걸로 하면 될까? 그래, 슈퍼맨으로 영웅 분석을 하면 아주 폼 날 거야. 지구도 구하고 착하고 멋있고, 완전 영웅의 대명사니까.'

서준은 미소를 지었다.

한편, 다른 조에 들어간 준석은 조장이 되지는 못했다. 조장이 되어 자신을 창피해했던 형과 맞붙어서 보기 좋게 이겨 버리는 상상을 했는데…… . 나이가 많은 어른이 조장을 하면 안 된다고 했지만 결국에는 청소년 중 나이가 가장 많은 고등학생 누나가 조장을 맡게 되었다. 처음에는 불만스러웠지만 조장으로 뽑힌 김나영 누나가 진행을 잘하고 준석의 의견에 힘을 실어 주기도 하자 마음이 점점 풀렸다. 게다가 서준이 평소 여자 앞에서 잘난 체하기를 좋아하니, 나영 누나를 열심히 도와 이번 기회에 조별 발표에서 완전 묵사발을 내야겠다는 마음이 들었다.

준석은 눈에 불을 켜고 워크북을 읽었다. 그런 영웅 이야기가 뭐가 있을까. 게임 〈오버워치〉를 이야기했더니 나영과 한수영이라는 아주머니가 너무 싫어했다. 중학교 1학년인 박재윤과 안준용은 일단 신기해하며 관심을 보이긴 했지만, 막상 캐릭터를 설명하자 아무리 얘기해 줘도 알아듣지를 못했다.

"야, 일단 해 보고 나면 다 이해할 수 있을 거야."

"어, 우리 집은 게임 금지인데."

과제 해결하자고 아이들을 우르르 몰고 피시방에 가서 돈을 풀며 단기 속성 특별 집중 훈련을 시킬 수는 없는 일이었다.

'그래, 아이들도 알아들을 수 있는 걸 찾아야만 해.'

머리를 굴리다가 애니메이션 〈쿵푸 팬더〉가 생각났다.

'포는 쿵푸에 관심이 있지만 아버지가 하는 국수 가게에서 일하고 있지. 이것이 평범한 세계! 그런데 용의 전사를 택하는 행사에 갔다가 우그웨이 대사부한테 용의 전사로 지목돼. 아하, 모험의 소명! 하지만 감옥을 탈출한 호랑이 타이렁을 막아야 한다는 것을 알고 도망치고 말아. 포가 소명을 거부했네. 그래도 시푸가 포를 거둬 줘서 본격적으로 훈련할 기회를 얻어. 조력자와의 만남인가? 물론 처음에 시푸는 둔한 판다인 포를 안 좋게 생각하지만 식탐을 자극해 훈련을 시키잖아. 그리고 포는 만두 먹기 훈련에서 시푸의 만두를 뺏어 내는 데 성공해. 이렇게 시푸의 시험, 첫 관문을 통과한 거군.'

강사의 말대로 영웅이 나오는 이야기는 공식처럼 일정한 패턴을 따르고 있었다. 그것을 발견하는 재미를 느끼며 워크북 자료를 더 열심히 들여다보았다.

6단계

a 시험, 협력, 적들

자기가 살던 곳을 벗어나 특별한 세계에 도착했을 때, 그 세계에서 영웅은 주어진 소명에 맞는 역할을 하거나, 위기에서 살아남는 방법을 찾아야 하는 상황에 놓이게 된다.

b 여신과의 만남

영웅은 모험 중에 때때로 신격의 여성을 만나게 되는데, 신화학자 조지프 캠벨은 이것을 어머니의 형상을 재현하는 '여신'이라 일컬었다.

영웅은 모험 중에 아버지의 원형으로 재현된 인물을 만나기도 한다. 어머니는 주로 무조건적인 보상과 용기를 주는 반면, 아버지는 시련과 도전 과제를 통해 영웅을 일단 시험한 다음에 영웅이 이겨 내면 그에 걸맞은 보상을 주고 더 친밀하게 보살피려고 한다.

준석은 강사가 한 말을 다시 떠올려 보았다.

"오디세우스의 이야기를 대입하면 여기 6단계의 세부 내용이 다 이해될 것입니다. 오디세우스는 많은 섬을 다니면서 괴물을 만나 싸우기도 하고, 예언자를 만나기도 하고, 여신을 만나기도 합니다. 제우스에게는 천둥과 번개를 맞았습니다. 하지만 나중에 칼립소를 떠날 때는 제우스의 도움을 받습니다. 그렇게 일방적으로 자신의 뜻대로 몰아붙였던 아버지 같은 존재가 다시 영웅에게 살갑게 다가오며 화해함으로써 영웅은 더 성장하게 되지요."

준석은 그제야 완벽하게 이해가 되었다.

'〈쿵푸 팬더〉에서는 무적의 5인방이 타이렁과 만나서 묵사발이 되도록 깨지면서 시험에 들지. 그리고 다양한 적들이 나오는데, 그럴 때마다 도움을 주는 스승이 등장해. 비록 여신은 아니지만.'

털북숭이 스승이나 거북 도사가 여신의 모습으로 나오는 장면이 상상이 되어 준석은 큭큭 웃었다.

나영이 그 모습을 보고 물었다.

"뭐 좋은 아이디어 떠올랐어?"

준석은 나영과 다른 조원들에게 〈쿵푸 팬더〉의 1단계부터 포가 아버지와 다투다가 화해하는 장면까지 단계별로 이야기를 들려줬다. 나영과 재윤, 준용은 〈쿵푸 팬더〉를 본 적이 있어서 맞장구를 치며 잘 이해했지만 어른인 한수영은 영화를 보지 않았다며 조용히 듣기만 했다.

한편, 서준도 처음부터 시작해서 6단계 설명을 마무리하고 있었다.

"슈퍼맨은 여신과도 같은 기자 로이스와 만나요. 조드 장군이 로이스를 잡아가자 그의 우주선에 올라 그녀를 구출하면서 자신의 소명도 깨닫고요."

서준은 자기 설명에 자기가 취해 슈퍼맨 이야기가 어떻게 전개되는지를 한참 더 이야기했다. 그러자 태희가 나섰다.

"좋아요. 역시 조장이에요. 그런데 우리 과제는 슈퍼맨 줄거리 요약이 아니라 패턴을 분석하는 거잖아요. 다음 단계와는 어떤 관련이 있을까요?"

태희가 가리킨 자료를 보던 서준이 미간을 찡그리며 말했다.

"그런데 이게 뭐야? 동굴? 왜 이렇게 유치해?"

7단계 동굴에 도착

동굴은 어려운 상황을 비유한다. 성서의 욥 이야기에서처럼 동굴은 고래의 배 속이 될 수도 있다. 동굴이든 고래 배 속이든, 죽음의 위기가 도사린 첫 번째 중학교 3학년치고는 외모가 꽤 성숙해 보이는 준완이 태희와 서준 사이에 끼어들어 워크북을 손으로 가리키며 어른처럼 말했다.

"이건 진짜 동굴이 아니에요. 문제를 더 깊이 파고들어 간다는 뜻이지요. 잘 생각해 보면 그런 비슷한 장면이 있었을 거예요. 꼭 동굴이 아니더라도, 비유적으로 위기를 무릅쓰고 들어가 더 진지한 문제를 건드리게 되는 것 말이에요."

서준은 눈을 감았다. 준완의 말대로 동굴의 의미를 더 잘 생각하기 위해서만은 아니었다. 준석과 동갑인 녀석의 말을 들어야 한다는 게 왠지 화가 났다. 서준 스스로 이만큼 분석한 것도 대단한데, 그것에 박수를 보내기는커녕 빈틈이 보이자 단숨에 달려와 마치 자기는 다 안다는 식으로 말하는 게 거슬렸다.

'그렇게 잘났으면 네가 직접 분석해 봐.'

이 말이 목구멍까지 치밀어 올랐다.

마침 동영이 다가와 잘 진행되느냐고 물었다. 서준이 대답하지 않자 태희가 대신 말했다.

"아주 잘되고 있어요."

서준은 속이 상했다. 완전 멋지게 해치워서 짠 하고 결과물을 내놓고 싶었는데 그렇게 되지 않아 마음이 조급해졌다. 그럴수록 생각이 잘 떠오르지 않았다.

　그렇게 서준이 내면의 동굴에서 헤매는 동안 준석은 6단계까지 일사천리로 설명을 마쳤다. 그리고 내친김에 7단계로 내달았다.

　"포가 용의 문서를 얻는 장면이 나오잖아요. 그리고 나중에 속편에서도 아버지를 만나 기를 얻는 방법에 관한 문서를 보기도 하고. 이런 게 동굴이지 않을까요?"

　"맞아요. 강사님이 말했듯이 동굴은 더 큰 성장을 위한 단계를 비유하니까요. 우리 이러다 다음 시간까지 가지 않아도 과제를 다 해결해서 1등 하겠는데? 다음 시간에는 보드게임 가져와서 그냥 놀까요?"

　나영이 활짝 웃으며 말했다. 조원들은 와아 하고 웃으며 박수를 쳤다. 다들 머리를 싸매고 있는데 웃음소리가 터져 나오자 다른 조 사람들의 시선이 집중되었다. 그중에는 못마땅해하는 시선도 있었지만 나영과 준석 등은 신경 쓰지 않았다.

　여기저기 돌아다니며 진행 상황을 살피던 강사가 다가왔다. 준석은 보란 듯이 더 열심히, 더 즐겁게 과제를 해결하는 모습을 연출하고 싶었다. 준석이 워크북에 쓰여 있는 8단계를 큰 소리로 읽었다.

8단계　시련

영웅은 그를 기다리고 있는 시련에 본격적으로 직면하게 된다. 시련은 목표에 도달하기 전의 마지막 장애물이다.

준석이 다 읽자 준용이 말했다.

"형, 포가 하도 사고를 많이 쳐서 다 시련 같아. 넘어지고 다치고 막 그러잖아."

"그런 거 말고 좌절했거나 앞으로 더 나아가기 힘들겠다 싶은 순간이 있었을 텐데? 너희들 생각나는 것 없니?"

준석이 게임을 할 때 고수로서 기다려 주는 너그러운 마음으로 물었다. 조원들이 고개를 갸웃거리자 준석은 스마트폰으로 인터넷에 접속해서 아예 가장 자세한 줄거리 소개를 찾아 보여 주었다.

"무얼까?"

"바로 이거네. 그렇게 힘들게 찾은 용의 문서에 아무것도 적혀 있지 않았던 것. 내가 영화 볼 때도 이 부분이 제일 황당했어."

준용이 흥분해서 말했다.

"맞아. 이게 강사님이 말씀하신, 아니 이 워크북에서 말하는 시련이 맞아."

준석은 강사를 보며 말했다. 강사는 웃는 얼굴로 고개를 끄덕이며 자리를 옮겼다.

이번에는 준용이 신이 나서 다음 단계를 읽었다.

9단계 보상

시련을 완전히 이겨 냈을 때, 영웅은 드디어 보상을 요구한다. 이 단계에서 영웅은 불로불사의 영약을 훔치거나 고귀한 칼을 얻는다.

"자, 잘 읽었어. 그런데 보상이 뭐지?"

준석은 어느덧 강사처럼 행동하고 있었다. 아이들이 우물쭈물하는 사이, 토론에서 조금 소외되어 있던 한수영이 끼어들었다.

"보상이야 그냥 자기가 원하는 걸 얻는 거지."

"맞아요."

"그렇다면 〈쿵푸 팬더〉에서 보상은 뭐였죠?"

"악당과 싸워서 이기는 거?"

"아니, 그건 시련을 이겨 낸 승리고요. 그거 말고 영웅이 다른 사람에게 요구하는 보상 말예요."

한수영이 고개를 갸웃거리자 준석은 다시 줄거리를 읽었다. 그러자 한수영이 손뼉을 치며 말했다.

"잠깐만! 여기 보면 아버지가 포에게 국수를 잘 만드는 비법은 애초에 없다고 말하는 장면이 나오잖아."

"네."

"그동안 자기를 괴롭혔던 질문에 대한 답을 찾은 거지. 그리고 앞으로 자기가 용의 전사로서 어떻게 해야 하는지 깨달음도 얻고 말이야."

한수영의 말이 끝나자 하고 싶은 말을 입에 물고 기다리던 준용이 재빨리 말했다.

"그래서 용의 문서에 비친 자기 얼굴을 보게 되지요. 나도 그 장면이 기억나요."

"아주 좋아요. 이제 얼마 안 남았으니 계속해 볼까요?"

준석이 조장처럼 말했다. 그러자 준용이 신나서 말했다.

"아예 남은 것을 다 읽고 한꺼번에 처리하면 어때요?"

준석은 준용의 말대로 하는 게 좋겠다고 말한 뒤 워크북에 나온 내용을 읽었다.

10단계 **귀로**

영웅은 이제 임무 수행을 통해서 얻은 결과물을 가지고 일상적인 삶의 세계로 되돌아온다.

11단계 **부활**

집으로 돌아가기 직전에 영웅은 자신의 성숙도와 됨됨이를 확인할 수 있는 정교한 시험 장치나 감옥, 또는 더 강력한 악당과 마주하게 된다. 이런 위기를 돌파해야만 영웅은 최후의 단계로 들어갈 수 있다.

12단계 **불로불사의 영약과 귀환**

영웅은 물리적인 보상이나 추상적인 깨달음, 지식 따위를 얻어 예전과 다른 존재가 되어 집으로 돌아온다. 영웅의 변화를 받아들이지 못하는 사람들과의 마찰, 바깥세상의 상황을 아는 영웅의 내적인 욕구 때문에 결국 귀환 후에도 한 자리에 머무르지 않는다. 진정한 영웅이 되었으므로 그에 걸맞은 일을 또 생각한다.

"열 번째로 '귀로'! 강사님이 말하셨죠. 이건 꼭 집으로 돌아오는 거라기보다, 자기 본연의 임무로 돌아가는 것 또는 방황의 출발점으로 돌아가는 거라고."

준석이 말하자, 번번이 준용에게 말할 기회를 빼앗기던 재윤이
말했다.

"오빠, 그러면 타이렁을 잡는 게 미션이었으니 포가 위기에 빠
진 시푸를 도우려고 나서는 장면이 귀환의 길이겠네."

"그렇지."

내용을 맞힌 것도 맞힌 거지만 예상치 못했던 '오빠'라는 말에
준석의 가슴이 기분 좋게 떨렸다. 그사이 나영이 나섰다.

"그럼 열한 번째 '부활'은?"

"부활은 새 마음 새 뜻으로 다시 태어나는 거니까, 그런 장면을
찾으면 되겠지."

한수영의 말이 끝나자 이어서 준용이 말했다.

"그렇다면 새롭게 의지를 다진 포와 타이렁이 대결하는 장면이
되겠네."

"좋았어요."

준석이 말했다. 나영이 손뼉을 크게 한 번 치고 나서 말했다.

"자, 드디어 마지막 열두 번째! '불로불사의 영약과 귀환'은?"

준석은 가만히 손가락을 들어 튕겨 보이며 말했다.

"포가 손가락 권법으로 타이렁을 잡고 마을로 돌아와 진정한
용의 전사로 인정받는 장면이 나오잖아요. 이렇게."

사람들은 박수를 쳤다. 그리고 서로의 손바닥을 맞부딪치며 즐
거워했다. 그런 모습은 아까보다 더 주변의 시선을 끌었다. 서준
의 시선을 포함해서.

이제 9단계를 해결하고 있던 서준은 자기만 바라보고 있는 조

원들의 눈길이 싫어졌다. 실제로 나서서 해결하지는 않고 평가하는 눈으로만 보고 있는 유일한 어른 박미숙의 시선이 싫었고, 슈퍼맨보다 마블 히어로가 더 멋지다며 그것으로 하자고 자꾸 조르는 김예슬도 싫었고, 빈틈을 물고 늘어지는 박준완도 싫었고, 한 단계를 해결하면 바로 다음 단계를 채근하는 김태희도 싫었다. 다른 조들의 상황을 둘러보는 강사의 모습은 그림자도 보기 싫었다. 복수건 잘난 척이건 조장의 책임이건 뭐건 다 팽개치고 그냥 이대로 도망치고 싶었다.

4
조력자 또는 여신과의 만남

준석의 조에서 아까보다 더 큰 웃음소리가 들리자 동영이 다가왔다.

"이 조는 정말 잘되나 봐?"

"잘되는 게 아니라 벌써 잘됐어요."

준석이 짐짓 뻐기는 표정으로 워크북의 빈칸을 하나씩 채워 가며 말했다. 그러는 동안 강사도 옆에 와 있었다. 준석이 다른 사람들과 의논하면서 더 좋은 표현으로 다듬어 가며 워크북을 완성하자 강사가 말했다.

"잘하셨어요. 제가 여러분 수준을 낮게 보고 워크북을 너무 쉽게 만들었네요."

"아니에요. 워크북이 쉬운 게 아니라 우리 조가 그만큼 잘한 거죠. 게임도 아무리 어려워도 게이머가 잘하면 쉬워 보이는 법이거든요."

준석의 말에 강사와 동영이 크게 웃었다.

"그러면 하나 더 해 보세요."

강사가 말했다.

조원들은 '어, 이건 아닌데?' 하는 표정으로 준석과 강사를 번갈아 바라보았다. 준석은 조원들의 눈치를 살피며 강사에게 말했다.

"아니, 숙제를 빨리 했다고 또 숙제를 내 주면 누가 빨리 하려고 하겠어요? 벌받는 셈인데."

"그만큼 플러스 점수를 드릴게요."

"우리는 다른 조보다 빨리 해서 플러스 점수 많이 받는 거 아니에요?"

"제가 선착순이라고 하지는 않았잖아요. 게임 미션도 기본 세팅을 잘 이해해야 잘하는 거 아닌가요?"

준석은 속으로 아차 싶었다. 강사가 다시 확인하듯이 말했다.

"다음 시간까지 숙제해 오고 발표하는 것을 종합해서 성적을 매긴다고 했지요. 그런데 다음 시간까지 딱히 하실 과제가 없으니 플러스 점수를 더 많이 받을 수 있는 기회를 드리겠다는 거예요. 그게 어떻게 벌이에요? 특별상이지."

"몇 점을 주는데요?"

"각 시간마다 10점씩인데, 특별히 5점을 더 줄게요. 물론 무조건 5점 만점을 주는 게 아니라, 다른 분들에게 도움이 되게끔 잘 발표하는지 보고 최대 5점까지 줄 거예요."

"과제를 또 하는 거니까 10점을 주시면 안 되나요?"

"지금 점수 가지고 흥정하는 거예요? 그러면 됐어요. 아까 이 학생에게 심한 말을 한 친구네 조도 많이 진행한 거 같으니까, 싫으면 그 조에 제안해 봐야겠네요."

강사가 몸을 돌리려 하자 준석이 다급하게 말했다.

"우리가 할게요."

"좋아요."

"그런데 과제가 뭐예요?"

"제가 신화학자 조지프 캠벨과 정신분석학자 카를 융의 이론을 종합해서 쓴 『영웅의 무의식』이라는 책이 있어요. 두 권짜리 책인데 그중 1권을 읽고 요약한 자료를 다음다음 시간까지 다른 조에게 나눠 주는 거예요. 그러려면 먼저 일주일 동안 다 읽고 나서 다음 모임에서는 이 책을 어떻게 요약하고 누가 발표할지 구체적으로 결정하는 게 좋겠지요? 아예 지금 누가 요약하고 발표할지 정하면 더 좋고요. 지난번 독서 모임 강연 때 보니 여기 도서관에도 그 책이 여러 권 있던데, 빌려서 읽으면 될 거예요. 할 수 있겠어요?"

"네, 해야지요."

준석이 목소리에 힘을 주며 말했다. 그런데 그 순간 따가운 시선이 느껴졌다. 그중에서도 나영의 시선이 가장 강력했다. 그제야 준석은 정신이 번쩍 났다.

"아, 누나 미안해. 내가 조장인 것처럼 결정해서."

"아니, 나한테 미안해하진 않아도 돼. 다만 조장인 나도 내가 일방적으로 결정하지 않아. 다른 조원들에게 물어보고서 뜻을 모으지. 그런데 네가 그 과정을 무시해서 내가 화난 거야."

준석은 다른 조원들의 표정을 둘러보려다가 고개를 떨구었다. 방금 전까지 함께 신나게 주거니 받거니 이야기 나눌 때의 모습이 아니었기 때문이다.

강사가 끼어들었다.

"조장님 말이 옳아요. 그러니 늦었지만 지금이라도 추가 과제를 할지 말지 투표로 결정하는 게 어때요?"

나영은 눈을 감고 심호흡을 하고 나서 말했다.

"여러분 의견을 여쭙기 전에 제가 조장으로서 말씀드릴게요. 준석이가 혼자 나서서 결정하려 했던 것은 잘못입니다. 그렇지만 준석이가 아니었으면 과제를 이렇게 쉽고 재미있게 끝내지 못했을 거라는 점도 잊지 말아 주세요. 그러니까 우리 조를 위해 할 것인지 말 것인지를 생각해 주시기 바랍니다."

나영의 진행에 따라 거수로 간단한 찬반 투표를 한 결과 찬성 세 명, 반대 두 명으로 추가 과제를 하게 되었다. 나영은 반대표를 던진 사람 중 한 명에게 말했다.

"준석아, 일이 이렇게 되었다고 해서 네가 하겠다고 한 것을 스스로 포기할 필요는 없어. 우리가 바라는 건 네가 잘못을 만회하려고 더 열심히 하는 모습이거든."

나영의 말을 들으니 준석은 더 부끄러워졌다. 나영은 준석에게 따뜻하게 말했다.

"이번 과제도 멋지게 해내는 거야."

"알았어, 누나. 하지만 난 책을 잘 읽지 않는데 어쩌지?"

"누가 너만 하래? 여기 다른 조원들이 있잖아. 같이 하면 돼."

한편, 서준의 조는 좀처럼 진도가 나가지 않았다. 서준의 표정을 살피던 태희가 시계를 보고 말했다.

"오늘은 이 정도까지만 하죠. 다른 조에 견주면 벌써 엄청 많이 한 거라서 기분이 아주 좋아요. 이제 시간이 얼마 안 남았으니 역할 분담을 하면 좋겠어요."

"어떤 역할 분담이요?"

"영웅 패턴 분석 세 단계만 남았으니, 조장님 빼고 두 명씩 한 조가 되어 자료를 조사해서 각 단계를 설명하도록 준비하면 괜찮을 것 같아요."

태희의 말에 서준은 잠시 이로 입술을 뜯다가 천천히 말했다.

"역할 분담을 하는 김에 조장부터 다시 뽑는 게 어떨까요?"

"그건 처음부터 정해진 거였잖아요."

"맞아요. 강사가 정한 거지 뽑힌 게 아니니까, 조장부터 뽑고 다른 역할도 분담하는 게 어떨까 하는 거예요."

태희는 깊고 큰 눈동자를 좌우로 천천히 움직였다.

"누가 다시 조장으로 뽑히건 이번 과제 발표는 일단 오빠가 하는 거예요. 알았죠?"

지금까지 조장님이라고 부르던 태희가 오빠라고 하자 서준은 깜짝 놀랐다. 좋거나 싫은 게 아니라 그저 놀라운 느낌이었다.

"자, 끝나기 전에 누가 조장이 되면 좋겠는지 쪽지에 무기명으로 적어서 정하기로 하자."

조장으로 선출될 수 없는 박미숙의 진행으로 투표는 금세 끝났다. 그리고 결과도 박미숙이 발표했다. 결과를 모은 박미숙의 눈이 커졌다.

"아슬아슬했는걸? 우리 박김윤조의 조장은……."

준완이 장난스럽게 두구두구두구 북소리를 흉내 냈다. 그 장단에 맞춰 박미숙이 말했다.

"윤서준!"

서준은 믿을 수가 없었다. 태희가 조장이 될 거라 생각했다. 잘난 체하는 준완이 자기 이름을 적어 한 표가 나왔다고 쳐도, 나머지 사람들은 태희를 찍어야 했던 것 아닌가.

서준이 어안이 벙벙해 있자 태희가 말했다.

"자, 이제 공식 지정 조장님이자 조원 선출 조장님이니 더 잘하셔야 해요."

서준은 눈을 질끈 감았다. 그때 조 모임 시간이 끝났음을 알리는 진행자의 목소리가 들려왔다. 그사이 태희는 예슬과 준완에게 아까처럼 서준 몰래 비밀스러운 눈짓을 보냈다.

＊

준석은 나영과 함께 도서관을 찾았다. 마치 혼자서는 가기 무서운 곳에 가는 것처럼. 준석이 이 동네로 이사를 온 뒤 호기심에 오만 곳을 다 다녔어도 절대 가까이 가지 않은 곳이 바로 도서관이었다. 아빠의 북카페에 놀러 가서도 새로운 메뉴가 있을까 싶어 책보다는 메뉴판만 슬쩍 읽고, 오로지 스마트폰에만 파묻혀 지내던 준석이었다.

"강사님은 왜 하필 이런 책을 써서 숙제를 시키고 그러지? 그냥 강의만 하고 책 같은 건 안 쓰는 사람이었으면 이런 숙제도 없었을 거 아냐."

"마치 피타고라스의 정리 공부할 때 왜 하필 이런 공식을 만들어서 문제를 만들었냐고 하는 말이랑 비슷하다."

나영의 말에 준석은 헤헤 웃었다.

"영웅 패턴을 〈쿵푸 팬더〉에서 찾아도 되고 그런 거였으면 처음부터 워크북을 그렇게 만들면 되지. 뭘 복잡하게 오디세이아니 뭐니 그리스 신화에서 찾아?"

"그래도 원류를 아는 게 중요해."

"왜?"

나영은 살짝 당황했지만 곧 또박또박 말했다.

"네가 좋아하는 게임도 원전을 알면 더 공략하기가 쉬워지지 않아? 이 게임이 어떤 맥락에서 나왔는지 알면 끝판왕도 더 일찍 만나고 더 멋지게 싸울 수 있지 않아?"

"어? 누나도 게임해?"

"내가 살아도 너보다 더 많이 살았거든!"

"누나는 뭐 좋아해?"

준석은 신이 나서 게임 이름을 줄줄이 늘어놓았다.

"야, 우리 게임 책 찾으러 온 거 아니거든? 얼른 강사님 책 찾아서 읽자."

"오늘?"

"응. 그래야 얘기 좀 하고 헤어지지."

"그냥 집에 가서 읽으면 안 될까?"

나영은 준석의 눈을 들여다보았다. 준석은 새삼 부끄러워서 나영의 눈을 똑바로 바라보지 못했다.

"정말이지? 그럼 오늘은 책만 찾고 헤어지고, 내일 다시 만나는 거다."

준석은 머뭇거렸다. 책 읽는 것은 싫지만, 바로 헤어지기는 왠지 아쉬웠다.

"좋아, 일단 1장만 읽고 이야기 나누자."

준석과 나영은 책 두 권을 빌려 열람실에 자리를 잡았다. 『영웅의 무의식』 1권 1장은 영웅 신화의 패턴을 분석한 조지프 캠벨의 『천의 얼굴을 가진 영웅』 해설로 시작하고 있었다. 준석은 내용이 전혀 머리에 들어오지 않아서 혼잣말하듯이 소리를 최대한 낮춰서 여러 번 읽어야 했다.

> ● 캠벨의 이론은 스위스 정신분석학자였던 카를 융이 주장하는 집단 무의식을 배경으로 한다. 그리고 융은 정신분석학을 만든 지그문트 프로이트의 영향을 받았다.

이렇게 읽으면서 준석은 캠벨이 맨 앞의 게임 전사이고, 그 뒤에는 융이 있고, 또 그 뒤에는 프로이트가 버티고 있어 게이머의 선택을 받는 상황을 떠올렸다.

그동안 혼수상태에 가까운 것이 무의식이라고 생각했던 나영은 조용히 웃었다. 그 모습을 슬쩍 보면서 준석은 나영도 자기와 비슷한 게임 상황을 떠올리고 있나 보다 생각했다. 누나가 있는 아이들은 누나와 많이 다툰다는데, 준석은 형 대신에 나영 같은

누나가 있으면 정말 행복할 것 같다는 생각이 들었다. 읽으라는 책은 안 읽고 자신을 보는 준석의 시선을 느낀 나영은 장난스레 주먹을 쥐어 보이며 혼내 준다는 표시를 했다.

'그래, 화내는 모습도 저렇게 좋다니까. 바보 같은 형하고는 확실히 달라.'

준석은 여러 학교 학생들을 모아 놓으니 어느 학교에나 있는 서준 형과 친구들 같은 한심한 캐릭터도 있지만, 어느 학교에나 있어도 가까이할 수 없던 똑똑한 나영 같은 캐릭터와도 어울리게 되어 정말 좋다는 말을 하고 싶었다. 서준네 조의 태희 누나도 똑똑해 보이지만, 나영 누나가 단연 더 뛰어나다고 생각했다. 그 말을 하려고 입을 열려는데 나영이 집게손가락을 입에 대고 조용히 하라는 시늉을 했다.

준석은 다시 책에 눈길을 고정했다. 글자를 보자 그 책을 쓴 강사의 목소리가 들리는 것 같았다.

> 인간의 마음은 크게 의식과 무의식으로 나뉜다. 빙산의 윗부분처럼 겉으로 확인되는 영역이 의식이다. 그리고 그 모습을 볼 수 없는 빙산의 아래 영역에 해당하는 것이 무의식이다. 그리고 무의식의 세계는 다시 개인적 무의식과 집단적 무의식 두 가지로 나뉜다. 프로이트가 주로 관심을 쏟은 것이 신경증을 일으키는 개인의 무의식이라면, 융은 집단 무의식에 관심을 두었다. 융은 집단 무의식이 인간 무의식의 심층에 존재하는 개인의 경험을 넘은 것이라고 생각했다.

준석은 게임의 맵처럼 마음의 지도를 머릿속에 그렸다. 그렇게 하니 더 잘 이해되었다.

'어, 나 천재인가 봐. 책이 이렇게 술술 읽히다니.'

그러나 이런 생각은 오래가지 못했다.

『영웅의 무의식』에는 "융은 무의식의 영역에 개인적인 차원을 뛰어넘어 집단이나 민족, 인류의 마음에 보편적으로 존재하는 원형(archetype)이 있다고 보았다."는 문장이 나왔는데, 원형이라는 말이 어려워 한숨이 나왔다. 그래도 조금 참고 읽으니 아래에 설명이 나왔다.

> ● 전 세계의 병아리들이 각기 다른 지역과 다른 환경에 살고 있지만 알에서 깨어 나오는 것은 똑같다. 병아리 안에 상황에 적응하도록 하는 똑같은 신체적인 기능이 본래 들어가 있기 때문이다. 인간도 세상 어디에 있든 같은 방식으로 태어난다. 태아가 교육을 받아서 엄마 배 속에서 나오는 것은 아니다. 개인적으로 경험하기 이전에 원래 주어져 있던 보편적인 기능에 의해서 세상 어디에 있든 똑같은 행동 패턴이 나타난다.

말은 어렵지만 결국 원형이라는 것은 어디에 있건 똑같게 나오는 어떤 패턴이라는 것 정도는 대충 알아차릴 수 있었다. 준석은 더 천천히 책을 읽어 내려갔다.

● 　이처럼 인간이 생각하고 느끼는 것에도 세상 어디에 있든 똑같은 정신적인 기능이 있을 것이라고 본 융은 그 보편적이고 공통적인 정신적 기능을 원형이라고 했다. 원형은 인류가 공통으로 지니고 있으며 아득한 옛날부터 정신적으로 쌓인 것이니, 그 원형이 녹아 있는 신화를 자연스레 연구하게 되었다.

그 뒤로 보편적인 사례들이 줄줄이 나왔다. 나영 옆에서 보기에 좀 당황스러운 내용도 있었다.

　　● 　기다란 몽둥이나 채소가 남성의 성기를, 굴이나 조개가 여성의 성기를 상징하는 사례에서 볼 수 있는 것처럼 전형적인 이야기나 이미지가 역사적으로나 지역적으로 공통으로 나타난다는 융의 주장은 부정할 수 없는 사실이다.

이 대목을 읽을 때는 나영이 눈치채지 못하게 숨을 어떻게 내쉬어야 할지마저 신경이 쓰였다.

한편 나영은 준석이 읽는 곳을 훨씬 뛰어넘어 신화를 설명하는 부분을 읽고 있었다. 평소에도 책을 잘 읽는 나영에게는 별로 어렵지 않은 내용이었다. 건국 신화에 등장하는 영웅이라든가 늑대인간, UFO 같은 이야기와 이미지가 지구 곳곳에서 비슷하게 나타난다는 것은 상식으로 알고 있었다.

오래전 세상 사람들이 한곳에 모여 그렇게 이야기를 만들고 표현하기로 합의해서 이런 공통된 패턴이 나타나는 것이 아니라, 인간으로서 본래부터 지니고 있던 마음속의 원형이 작용해서 공통된 현상이 나타나는 것이라는 융과 캠벨의 주장은 나영이 생각해도 그럴듯했다. 그렇지 않다면 한국의 콩쥐 팥쥐 이야기와 유럽의 신데렐라 이야기 등 많은 전설과 신화가 비슷비슷한 이유를 설명할 길이 없다는 저자의 말도 이해되었다. 그냥 우연의 일치라고 넘어가기에는 공통점이 너무 많으니까.

1장을 다 읽은 나영이 준석에게 물었다.

"다 읽었어?"

방금 전 성의 상징에 관한 내용을 읽던 준석은 나영이 그 대목을 다 읽었는지 물어보는 것 같아서 얼굴이 벌게졌다. 준석이 그러는 이유를 알 길 없는 나영이 다정하게 말했다.

"괜찮아. 천천히 읽어도 돼. 나도 처음에는 책 읽는 게 힘들었어."

나영은 다음 장으로 넘어갔다. 2장에서 저자는 원형의 개념을 다시 정리했다. 나영은 그 내용을 더 잘 이해하기 위해 학교 공부할 때처럼 노트에 써 가며 읽었다. 그러다가 준석을 힐끗 바라보았다. 준석이 게임에 나오는 여러 영웅의 모습을 신나게 이야기할 때 전혀 알아듣지 못하던 한수영과 재윤, 준용의 얼굴이 기억났다. 나영은 여기서 의문이 생겼다.

'그런데 그 영웅이라는 원형 자체가 보편적이라면 준석이와 나, 어른들이 공통으로 비슷한 것을 느껴야 하는 거 아닌가? 만약 병아리가 알에서 나온다면 그게 허약하든 건강하든 일단은 똑같이 알을 깨고 나오는 모습으로 봐야 하는 거잖아. 벌이 벌집을 짓는 광경을 보면서 병아리가 알에서 나온다고 생각하면 안 되는 거잖아. 준석이가 좋아하는 게임 히어로가 왜 영웅인지 구체적으로 설명해 주는데도 우리는 전혀 이해하지 못했어.'

나영은 의문을 풀려고 더욱 꼼꼼하게 책을 읽었다. 그러다가 입을 열었다.

"아, 원형은 자아의 영향도 받는다."

나영이 저도 모르게 큰 소리로 말해서 자기도 놀라고, 옆에 앉아 있는 준석은 더 놀랐다. 나영은 자기가 왜 그렇게 갑자기 큰 소리를 냈는지 나중에 준석에게 설명해 주기 위해, 그리고 줄거리를 요약할 때 쓰기 위해 그 내용을 노트에 정리했다. 그러는 동안 준석은 1장을 마저 읽었다.

나영과 준석은 휴게실로 자리를 옮겼다.

"너 1장 다 이해했어?"

"그럼, 당연히 다 이해하지. 누나는 내 수준을 어떻게 보고 그러는 거야. 그나저나 아까 왜 그렇게 소리를 쳤어, 누나?"

"소리를 치다니? 그냥 깨달음의 목소리를 냈을 뿐이거늘."

준석은 나영이 가끔은 익살맞을 때도 있다고 느꼈다.

"자, 여기 좀 봐. 중심적인 의미와 기능을 지니는 원형은 자아(ego)의 원형과 자기(self)의 원형이라고 나와 있지?"

"어? 누나, 자아와 자기는 똑같은 거 아니야?"

"일상적으로는 별로 구분하지 않지만, 융의 심리학에서는 달라요. 자아는 의식 속에서 작용하는 것이고, 자기는 의식과 무의식을 합친 마음 전체에 작용하는 원형이라고 여기 쓰여 있지요?"

나영은 책을 읽으면서 노트에 정리한 내용을 준석에게 보여 주었다.

"잘 이해되지 않는데?"

"아기가 두 살만 돼도 자기 마음을 '나'라는 1인칭으로 표현하잖아. 하지만 주로 자기 이름을 넣어서 '원준이는 그거 먹고 싶어.' 이런 식으로 3인칭을 쓰지."

"맞아."

"그 이유는 자아가 발달하지 않았기 때문이야. 그러다가 중학교 들어갈 때쯤 되면 자기 취향이 좀 더 확실해지고 '나는 누구다'라는 생각이 더 커져서 더는 3인칭으로 자기를 설명하지 않아."

"무슨 소리야? 가끔 '지금 다은이는 그거 하고 싶어.' 하고 애교 부리면서 혀 짧은 소리를 하는 사람들도 있잖아."

"그건 예외고. 아무튼 저자의 설명으론, 자기는 종교나 인도 철학 등에서 강조하는 신과 관련된 영혼 같은 것이라고 생각하면 된대. 자기가 자아보다 훨씬 큰 개념이지. 정신의 중심이 자기. 자기는 초월적인 중심."

준석은 '중심'이라는 말이 반복되고 비슷한 단어가 쓰이니 당췌 헷갈리기만 했다. 그래서 나영이 노트에 적은 것을 여러 번 읽어 봤다.

"잘 이해가 안 되지? 나도 이해하기 어려웠는데, 책에는 자기가 일종의 가이드라인으로 자아를 지배하는 거라고 써 있었어. 자기는 일종의 신이고, 자아는 그 신에 따르는 인간인 셈이래. 그리고 그 인간인 자아가 보지 못하는 뒷면에는 그림자가 있고. 그러니까 조금 이해되더라."

나영이 펼친 책에 나온 그림에는 '자기'가 '자아'와 '그림자'(shadow)를 포함하고 있었다. 의식 층위의 중심에 자아가 있고, 자아는 개인의 의식적인 행동이나 인식을 만드는 주체라는 설명이 붙어 있었다. 그리고 바로 아래 무의식 층에는 '그림자'가 있었다. 나영은 그림 아래에 나온 자아의 기능에 관한 설명을 그대로 읽었다.

자아는 한마디로 말하자면 중재자이다. 자기의 충동을 만족시키는 데 혈안이 된 무의식의 세계와 외부 현실 세계의 제한 요소들을 조율해서 최선의 만족을 얻게 하는 조정 기능을 한다. 만약 자아가 무의식의 세계를 무조건 억압만 할 경우 스트레스가 쌓이고 쌓여 폭발하고 만다.

준석은 아빠와 형과 자기가 폭발하는 모습이 떠올라 피식 웃었다. 나영은 잠깐 숨을 고른 뒤 계속 읽었다.

그러나 본능에 가까운 무의식을 그대로 표출한다면 사회적으로 용납되지 않을 것이다. 그래서 자아가 이를 조율할 필요가 있다. 그림자가 어린아이라면, 자아는 세상 물정을 아는 어른에 더 가깝다. 그림자가 아직 캐내지 않은 깊은 동굴 속 광물이라면, 자아는 그 광물에 빛을 비춰 캐내어 뭔가 의미 있는 것으로 만드는 장인에 가깝다.

나영은 자기가 읽은 책의 내용을 바탕으로 설명을 덧붙였다.

"무의식의 세계는 말 그대로 의식의 영역 밖에 있는 것이기 때문에, 세상에 모습을 드러내려면 의식의 중심에 있는 자아의 도움을 받아야 한다는 거야. 만약 의식의 중심에 자아가 없거나 약하면 어떻게 될까? 그러니까 마치 무의식이 힘을 발휘하는 꿈속에서처럼 살려고 한다면?"

"그럼 마구 문제가 생기지 않을까?"

"맞아. 아마도 세상 살아 나가기가 많이 힘들겠지. 모든 일을 본능적으로나 감정적으로 처리하려고 해서 결국 세상에 적응하지 못하겠지. 그래서 책에도 이렇게 쓰여 있었어."

나영이 다시 책을 읽었다.

● 　자아는 무의식이 그대로 튀어나와 일을 망치지 않도록 외부의 환경 요소와 내면의 요소를 통합해 우리를 적응하게 한다. 예를 들어 의식의 힘을 제대로 발휘하고 있는 사람, 즉 자아가 안정적인 사람은 여자 친구를 사귀고 싶다고 스토커나 추행범처럼 아무나 붙잡고 늘어지지는 않는다. 텔레비전에 나오는 예쁜 여성 연예인이라고 무조건 좋아하지도 않으며, 이 세상 여러 여성들의 차이를 구별하고 그 차이에 따라 누가 좋고 누가 싫은지, 어떤 행동이 좋고 어떤 행동이 나쁜지 등 자신의 마음이나 행동을 조금씩 변화시키게 된다.

여기까지 읽고서 나영은 준석을 바라보며 말했다.

"너도 걸 그룹을 보면서 쟤는 무조건 좋다, 쟤 아니면 절대 결혼하지 않겠다, 그러는 건 아니지?"

"그…… 그렇지."

"이렇게 현실을 조율하는 과정에서 무조건 포기만 하는 게 아니야. 자기가 미처 인식하지 못하고 있던 이상형을 향한 마음을 세부적으로 확인하게 돼. 마찬가지로 그냥 무의식에 머물러 있었으면 한 번도 인식하지 못하고 넘어갈 것을 자아의 도움을 받아 성숙하게 확인하게 되니, 자아가 무의식을 도와주는 셈이라고 이 책에도 쓰여 있어."

"그러면 그림자라는 게 자아를 도와준다는 말은 대체 뭐야?"

"자아가 의식의 빛이라면, 그림자는 말 그대로 그 빛 때문에 정신세계에서 만들어지는, 자아의 반대편에 있는 부분이지. 이걸 어떻게 설명하면 좋을까?"

나영이 잠시 말을 멈추었다. 그리고 준석을 멍하니 바라보다가 갑자기 눈을 반짝이며 말했다.

"좋아. 어떤 중학생에게는 한 게임 속 캐릭터가 진정한 영웅이야. 그런데 그 중학생의 자아가 그것을 인정하지 않는다면, 그 캐릭터로 대변되는 진정한 영웅에 관한 생각은 그림자가 되어 버리는 거지."

"오케이. 이해했어! 내가 꿈의 학교 첫 시간에 재윤이와 준용이한테 말했을 때처럼 게임 캐릭터를 그냥 평범한 능력을 가진 멋없는 존재라고 여기면서 인정하지 않으면 그게 그림자가 되는 거네."

"아이고, 내가 오해가 생기지 않게 설명하지를 못했구나. 영웅이냐 아니냐를 제대로 평가해서 인정한다는 의미가 아니라, 그런 것이 있는지 그 존재 자체에 대한 인식을 거부한다는 뜻으로 말씀드린 거예요, 준석 님."

준석은 눈을 끔벅거렸다. 나영이 아까보다 더 천천히 말했다.

"그러니까 게임 캐릭터를 영웅으로 인정하느냐 마느냐가 아니라, 그런 영웅의 존재에 대한 인식부터 거부하는 겁니다요."

준석은 눈을 더 빠르게 끔벅거렸다. 나영은 훨씬 더 천천히 말했다.

"더 분명하게 말하자면, 너의 의식은 게임 캐릭터도 영웅이라고 믿고 있어. 그런데 그 의식 뒤에 숨어 있는 그림자는 그 아주머니와 다른 애들처럼 아예 영웅성이 있다는 것부터 거부하는 거야. 물론 이 말도 의식적으로 표현하는 것이라서 아예 인식조차 되지 않을 그림자와는 다를 수밖에 없으니 오해의 소지가 있어. 그래서 네가 천천히 이 부분을 읽어 보며 스스로 깨닫기 바랄게."

나영은 자기가 읽었던 부분을 손으로 짚어 보였다.

●   그림자는 자기 자신 안에 있는 요소의 존재 자체에 대한 인식을 거부하기 때문에 일어나는 것이라서, 오히려 다른 사람들에게 뒤집어씌우는 식으로 나타난다.

"잠깐만! 그러니까 내가 사실은 그 게임 캐릭터들이 영웅이 아니라고 생각하고 있다고?"

"응."

"그런데 그렇게 영웅이 아니라고 생각하는 게 내가 아니라 다른 사람이라고 뒤집어씌우고 있다고?"

"응."

"아냐, 내가 그때도 말했잖아. 그 캐릭터들이 왜 영웅인지…….더 자세히 말해 줄까?"

"이건 내 이야기가 아니라 이 책에 쓰여 있는 것처럼 융의 이론이야. 모든 게 맞지는 않겠지만 맞아떨어지는 면도 있지 않아?"

"내가 보기엔 전혀 안 맞는데?"

"아냐. 실제로 어떤 연예인을 보고 사치가 심하다고 욕하는 사람을 보면, 그 사람에게 그런 면이 있는 경우가 더 많잖아. 자기도 그렇게 사치를 누리고 싶은 마음이 있다고 인정하기보다는, 다른 사람을 욕하면서 나 자신은 그렇지 않은 사람이라고 마음을 다스리는 거지. 자기 생각에도 그런 사치스러운 인간은 결코 바람직한 인물 유형이 아니기 때문이야. 그림자는 의식하지 못하는 것이기 때문에 주로 감정으로 드러나게 돼. 타인의 특정한 측면이 더 밉거나 답답하게 느껴지는 식으로."

준석은 어이없다는 듯이 웃으며 말했다.

"뭐야. 내가 다른 사람들에게 게임 캐릭터에 대한 영웅상이 없다고 답답해하는 이유가 정작 나에게 그런 영웅상이 없기 때문이라는 거야?"

"에헤. 융에 따르면 네가 이렇게 민감하게 반응하는 것 자체가 '내가 그런 사람이오.' 하고 인정하는 셈이라는 거 몰라?"

나영은 준석이 흥분하는 게 재미있다는 듯 웃으며 말했다. 그러나 준석의 표정이 정말 심각해지자 나영도 웃음기를 거두고 말했다.

"준석아, 그냥 농담한 거야. 답답한 것을 보면 답답하다고 느껴야 정상이지. 여기서 말하는 것은 필요 이상으로 민감하고 과장되게 반응하는 태도를 말하는 거야. 너는 지금 그러는 게 아니잖아."

준석은 말없이 고개를 끄덕였다. 준석의 눈은 책으로 가 있었다. 그 책에는 다음과 같이 적혀 있었다.

● 다른 사람에게 투사했던 그림자를 나 자신의 요소라고 생각하면 부정적이었던 에너지가 긍정적인 에너지로 바뀔 수 있다. 다른 사람을 짠돌이라고 비난하던 사람이 자기에게 그런 면이 있다는 것을 깨닫고 다른 사람에게 잘해 주고 기부도 하는 사람으로 변해서 더 나은 인격체로 성장하는 것처럼.

준석이 말했다.

"누나, 오늘은 이만하지요. 제가 집에 가서 읽어 보고 내일 다시 만나서 말할게요."

나영도 분위기가 더 나빠지기 전에 오늘은 그만하는 편이 좋다고 생각했다.

나영과 헤어지고 집에 돌아온 준석은 책부터 읽었다. 영화 〈맨 오브 스틸〉을 꼼꼼히 보면서 내용을 정리하던 서준은 평소와 다른 준석의 모습을 보며 신기해했다. 다른 한편으로는 정말 자기를 이기려고 독한 마음을 먹었다는 생각이 들어 패씸했다. 자기는 워크북을 완성하려고 애쓰고 있는데 다른 과제를 하는 준석을 보니, 조별 경쟁에서 벌써 뒤처진 것 같아 기분이 나쁘고 답답해서 서준은 집 밖으로 나왔다.

준석은 그런 것에 신경 쓸 겨를이 없었다. 책을 찬찬히 읽어 나갔다. 나영의 설명을 떠올리며 읽으니 훨씬 잘 이해되었다. 준석은 나영처럼 노트에 정리하며 읽었다.

> ● 자아의 궁극적인 목표라고 할 수 있는 '어떤 사람이 되고 싶다'는 자기 실현도 그냥 갑자기 하늘에서 떨어지는 것이 아니라 자아의 노력으로 이뤄지는 것이다. 자아가 자신의 그림자를 인식하고 긍정적인 에너지로 바꾸면 자기가 욕하던 사람이 아니라 진정 자기가 바라는 더 나은 사람이 될 수 있다. 이게 바로 그림자가 자아를 도와주는 방법이자, 자아가 그 존재 자체마저 부정했던 그림자의 요소를 끌어 올려 욕구 충족을 도와주는 방법이다.

정확한 의미를 이해해서라기보다 뭔가 자기에게 아주 중요한 말인 것 같아 준석은 계속 옮겨 적게 되었다.

● 　 자, 이제 그 긍정적인 에너지에 집중해 보자. 나도 가끔 중학교나 고등학교에서 강연할 때 나와 많이 닮은 학생을 보면 더 흥분하게 된다. 내 자식에게 더 가혹해지는 순간이 있는 것도 내 안의 그림자 때문이라는 생각을 새삼스럽게 해 보게 된다. 긍정적으로 변하지 못하는 부정적인 그림자인 경우에는 자아가 아직 받아들이고 싶지 않은 부분이 있기 때문에 의식이 그림자의 특정 요소를 계속 무의식에 머무르게끔 억압하기도 한다. 만약 어떤 사람과의 사이에서 뭔가 불편하다면, 그것은 자신의 자아를 부정적으로 건드리는 부분이 있기 때문이다.

준석은 이제 과제 점수 때문이 아니라 형이 자기더러 창피하다고 한 말이 왜 그렇게 불편했는지 그 이유를 이 책을 통해 알아보고 싶었다.

⚠️ 원형과 중2병

준석은 『영웅의 무의식』에서 원형 부분을 꼼꼼하게 다시
읽어 보았다. 원형과 중2병을 연결시킨 분석이 흥미로웠다.

사람들이 공통적으로 원형을 지니고 있는 것은 맞지만, 원형이 드러나는
모습은 저마다 다르다. 벌이 어디서 배우지 않아도 벌집을 짓는 것은 사
실이다. 그렇다고 이 세상 모든 벌집의 모양이 다 똑같은 것은 아니다. 어
떤 것은 좀 더 길쭉하고 어떤 것은 옆으로 좀 더 퍼져 있으며, 어떤 것은
크고 어떤 것은 작기도 하다. 벌집의 다각형 근본 구조는 똑같지만 환경
에 따라 세세한 모양이 다르다. 병아리가 알을 깨고 나오는 것도 다 똑같
지만, 어떤 놈은 힘차게 나오고 어떤 놈은 비실거리면서 나오는 식으로
각각 다르다.

마찬가지로 정신적으로도 원형의 근본 패턴은 똑같지만 그것이 겉으
로 드러나는 세세한 형태는 각자가 놓인 상황에 따라 달라진다. 융은 성
경 하나만 봐도 구원자라는 똑같은 원형이 있지만, 그 원형은 시대를 거
치면서 모세나 예수 등 다양한 원형상을 통해 나타났다고 주장했다.

우리나라 고전 소설에서도 구원자가 홍길동, 이몽룡, 전우치 등의 다양
한 원형상으로 나타난다. 원형은 일정해도 원형상은 다양하며, 그래서 사

람들이 받아들이는 세부 내용은 달라질 수 있다. 현대의 블록버스터 영화에도 영웅이라는 원형이 있기는 한데, 원형상이 다양하다 보니 세대에 따라 이해하고 좋아하는 바가 달라진다.

개인의 자아에 따라 영웅을 받아들이는 정도가 차이가 나기도 한다. 자아의 힘이 강한 경우에는 그 원형 외에 다른 부분까지 의식해서 그 원형의 영향력이 줄어들 수 있다. 반대로 자아가 약한 경우에는 원형의 영향력에 무방비로 노출되어 더 많은 영향을 받는다. 그래서 청소년들이 보고 접하는 것에 더 많은 영향을 받는다. 약한 자아가 원형을 바로 동일시하기 때문이다. 블록버스터 영화의 주인공을 볼 때도 감정을 이입해서 영향을 받고, 신화의 주인공에게서도 영향을 받는다. 이런 것을 바로 자아 팽창(ego inflation)이라고 한다.

자아 팽창이 일어나면 자기 자신과 원형을 혼동해 동일시하고, 독립적인 개성이 심각한 타격을 입어 몰지각한 행동까지 하게 된다. 예컨대 자아 팽창이 신에 대한 원형으로 넘어가면, 즉 자기가 신에 가까운 사람이라고 생각하게 되면 사이비 종교 지도자처럼 스스로를 '신의 아들'이나 '재림한 예수'라고 떳떳하게 주장하기까지 한다.

블록버스터 영화에도 영웅이나 악당, 소시민, 비겁자 등등 많은 원형이 들어가 있다. 그런데 사람들은 영화를 볼 때 주로 주인공에게 감정을 이입한다. 원형이 담긴 이야기를 접하면서 자기가 그 원형의 주인공처럼 아주 큰 힘을 가진 위대한 존재라고, 자기가 세계를 바꿀 수 있는 위대한 영웅이라고 착각하게 된다. 이른바 '중2병'의 가장 큰 특징을 보이게 되는 것이다.

5
시련을 겪다

꿈의 학교 두 번째 시간은 토론으로 시작했다. 서준은 다른 조원들이 해 온 것과 자기가 준비한 것을 합쳐 워크북을 완성했다.

준석은 자기가 정리한 내용을 발표하고, 다른 조원들이 요약해 온 내용도 꼼꼼하게 들었다. 혼자 책을 읽을 때보다 이야기가 머리에 훨씬 잘 들어왔다. 그리고 마음에 응어리졌던 것이 조금 풀리는 기분도 들었다. 나영이 '그림자'를 설명하면서 여동생 가영과 있었던 경험을 들려줄 때가 가장 큰 도움이 되었다. 친하다 싶으면서도 부모의 사랑이나 옷, 물건 등을 누가 더 많이 갖느냐를 놓고 시기심을 품는 자매 이야기를 들으며, 준석은 서준과 용돈이나 게임, 친구와 노는 것 등을 놓고 아웅다웅하던 시간들을 떠올렸다.

토론 시간이 끝나고 쉬는 시간 10분이 주어졌다. 준석은 서준을 바라보았다. 지난 일주일 동안 얼굴을 마주쳐도 서로 거의 무시하면서 지냈지만 서준이 잘했으면 좋겠다고 생각했다. 창피당하지 말고 당당하게. 어쩌면 서준도 지금 준석과 비슷한 마음인데 강사가 쓴 책에 나온 것처럼 표현이 서툴러서 반대로 나온 것일 수도 있다는 생각이 들었다. 나영은 그럴 때 용기를 내어 동생과 이야기해서 관계가 좋아졌다고 했다. 그러나 준석은 일부러 찾아가 서준을 응원해 주고 싶은 정도는 아니었다. 이대로 시간이 흘러 관계가 더 틀어져도 자기보다는 계속 냉랭하게 군 서준의 잘못이 크니 자신이 더 떳떳한 거라고 여겼다. 한편 서준은 쉬는 시간에도 발표 준비를 하느라 준석을 신경 쓸 겨를이 없었다. 준석은 혼자 서준을 바라만 보다가 자리에 앉았다.

쉬는 시간이 끝나고 서준의 발표가 시작되었다. 서준은 워크북에 정리해 놓은 것을 보며 거의 그대로 읽어 내려갔다. 실수하지 않기 위해서였지만, 보는 사람들은 답답하게 느꼈다. 게다가 그냥 빠르게 읽기만 해서 듣는 사람들이 제대로 이해하기 힘든 내용도 있었다.

"잠깐만요."

강사가 제지하고 나섰다.

"워크북을 직접 작성한 거 맞지요?"

"네."

"그러면 읽지 말고 설명을 해 주세요. 청중을 보면서. 지금 이야기하다 만 8단계부터요. 영화를 보지 않은 사람도 잘 이해할 수 있게끔."

서준은 잠시 얼어붙었다. 머릿속에 그렸던 멋진 복수극과는 거리가 먼 상황에 맞닥뜨리자 서준은 뛰쳐나가고 싶었다. 자기야말로 8단계인 시련을 겪고 있는 기분이 들었다.

그때 태희가 큰 소리로 말했다.

"영화 제목인 '맨 오브 스틸'이 무엇을 뜻하는지부터 조원들에게 했던 것처럼 이야기해 주세요."

그 목소리에 서준은 정신을 차렸다.

"보통 슈퍼맨 가슴에 있는 's' 자가 슈퍼맨의 약자라고 생각하잖아요. 그런데 이 영화에서는 '스틸'(steel), 즉 철의 약자라는 거예요. 그래서 영화 제목도 '맨 오브 스틸', 즉 강철의 사나이라고 정해서 슈퍼맨의 정체성이 무엇인지 보여 줍니다. 그 강철의 사나이로서의 특징이 가장 잘 나타나는 게 바로 시련이에요. 의지력이 약한 겁쟁이들은 대개 시련이 닥치면 도망갈 궁리부터 하지요. 하지만······."

서준은 잠시 말을 끊었다. 뭐가 가슴을 훅 찌르는 느낌이 들었다. 서준은 힘을 냈다. 그리고 마치 자기 자신에게 하는 것처럼 이야기하기 시작했다.

"8단계인 '시련'은 목표에 도달하기 전의 마지막 장애물입니다. 그 장애물을 뛰어넘어야 비로소 영웅으로 우뚝 서게 되는 거지요. 즉 시련이 있어야 영웅이 될 수 있는 겁니다. 이 시련의 역할을 잘 이해하려면 장애물 자체가 아니라 슈퍼맨이 강철 의지로 지켜 내고자 하는 것, 즉 그 목표를 잘 알아야 합니다. 그래서 줄거리를 잠시 말씀드리도록 하겠습니다."

서준은 처음보다 훨씬 자신감 있는 목소리로 말했다.

"크립톤 행성에서 태어나 칼 엘이라 불리던 슈퍼맨은 지구에서는 클라크 켄트라는 이름으로 신분을 숨기고 평범하게 살아가고 있었습니다. 이따금 자기 힘을 이용해 사람들을 구하던 중 신문기자 로이스를 만나게 됩니다. 처음에는 특종을 좇던 그녀지만, 슈퍼맨이 믿음을 갖고 자기 정체를 알려 주자 비밀을 지켜 주려고 합니다. 그렇게 세상도 구하고 사랑도 얻은 슈퍼맨에게 좋은 나날이 이어질 것 같았지요."

서준은 계속 줄거리를 말해 줬다. 어느 날 크립톤 행성의 반역자 조드 일당이 슈퍼맨을 내놓으라고 전 세계에 경고한다. 덕분에 슈퍼맨은 지구에 자기 말고도 조드 장군과 파오라를 포함한 크립톤인들이 살고 있음을 알게 된다. 그런데 슈퍼맨을 잡아 바치려고

FBI가 로이스를 잡아간다.

"이때 슈퍼맨은 어떻게 해야 할지 갈등합니다. 동굴로 들어가는 셈이었지요. 그러다 성당으로 가서 신부에게 자기 정체를 밝히고 조언을 구합니다. 신부는 슈퍼맨에게 그저 스스로 믿는 대로 행동하라고 충고할 뿐이었지요. 마침내 자신을 희생하기로 한 슈퍼맨은 조드 일당에게 끌려가는데, 크립톤 행성의 환경에 맞춘 우주선 안에서 힘이 약해져 의식을 잃습니다."

서준은 신이 나서 말했다.

"지구인을 돕기 위해 나선 슈퍼맨. 의지와 목표는 확고했지요. 그런데 자기 피로 지구를 멸망시키려는 조드 일당에게 자꾸 무기력하게 당하기만 합니다. 의지와 다르게 현실은 완전히 반대로 움직여서 아주 답답해하지요. 조드 장군의 괴롭힘만이 아니라, 자기 자신의 무력함에 더 좌절합니다. 여기가 가장 핵심적인 시련입니다."

서준은 말하면서 문득 강사가 조드 장군 같고 자기는 슈퍼맨과 비슷하다는 느낌이 들었다. 그래서 잠시 생각을 고르느라 말을 멈추었는데, 그때 태희가 다시 조심스럽게 말했다.

"로이스가 구해 준 이야기를 해요."

서준의 집중력이 돌아왔다.

"네. 바로 그때 로이스가 몰래 받은 열쇠를 써서 우주선의 환경을 바꾸어 슈퍼맨이 힘을 되찾게 해 줍니다. 드디어 탈출에 성공한 슈퍼맨은 조드 장군을 우주 공간으로 내쫓고 그의 일당을 박살 냅니다. 이로써 지구를 지키겠다는 슈퍼맨의 목표에 대한 장애물,

즉 시련은 해결됩니다."

"조드라는 장애물이 아니라, 자신의 강철 의지가 무너질 뻔한 것이 시련이라는 해석이 참 멋지군요."

강사의 칭찬에 서준은 당황했다. 서준이 예상했던 상황이 아니었다. 자기가 멋지게 발표를 해도 강사가 딴죽을 걸 거라고 여겼다. 물론 자신이 더 잘해서 결국 강사가 백기를 드는 상황이어야 했다. 그런데 강사가 처음부터 박수를 보내고 있으니 어리둥절했다.

"자, 9단계도 기대되는데요?"

서준은 잠시 고개를 갸웃거리고는 다시 발표에 집중했다.

"9단계는 '보상'이에요. 그런데 이 영화에서 악당이 죽는 최후의 순간에 '훌륭한 죽음은 그 자체로 보상이다.'라는 말을 하면서 그대로 비행기와 함께 부딪쳐 죽는 장면이 나옵니다. 전사나 악역들은 이렇게 겉으로 멋진 것을 보상이라고 생각해요. 그렇지만 영웅은……."

서준은 또 가슴 한쪽이 찔려 오는 게 느껴졌다. 하지만 이번에는 누구의 도움 없이 더 빨리 그 순간을 벗어났다.

"시련을 완전히 이겨 냈을 때 영웅은 드디어 보상을 요구하지요. 그런데 〈맨 오브 스틸〉에서는 그 보상이 절대 반지 같은 것이 아니에요. 선량한 사람이 악당의 희생물이 되지 않는 것, 그리고 지구인들이 자신을 악당이라고 생각하지 않는 것이랍니다. 실제로 나중에 지구인들은 슈퍼맨이 단순히 힘센 능력자가 아니라 지구의 든든한 수호자라고 여겨요. 그게 바로 슈퍼맨이 지구인에게 바란 보상이었어요. 멋진 죽음이 아니라."

강사뿐 아니라 다른 사람들도 모두 고개를 끄덕이며 서준의 이야기에 귀 기울였다.

"10단계인 '귀로' 단계에서 슈퍼맨은 로이스 곁을 지키는 클라크가 되어 평범한 일상으로 돌아옵니다. 그런데 11단계인 '부활'이 기다리고 있었어요. 저는 부활이라고 해서 마냥 긍정적인 줄 알았는데, 문제가 다시 생기고 영웅도 그 문제를 해결하면서 더 큰 존재로 다시 일어난다는 뜻의 부활이더라고요."

"저도 그렇게 말했는데, 제가 강연할 때 잘 안 들었나 보네요."

강사의 지적에 '역시'라는 생각이 들면서 서준의 전의가 다시 불타올랐다. 이거야말로 강사를 향한 미움의 부활이 아닌가 싶었다. 서준은 목소리에 힘을 주어 말했다.

"강연 때 말씀하시기를, 문제가 완전히 해결되어 집으로 돌아가기 직전에 영웅은 자신의 성숙도와 됨됨이를 확인할 수 있는 정교한 시험 장치를 거친다고 하셨죠? 이 영화에서는 지금까지 슈퍼맨이 직접 없앤 악당보다 더 강력한 악당과 마주하게 됩니다."

서준은 강조하기 위해서 잠깐 말을 멈췄다.

"바로 조드 장군이지요. 자기 일당이 슈퍼맨에게 당한 사실을 알게 된 조드 장군은 자기 혼자서라도 지구인들을 몰살하겠다며 무고한 시민들까지 해치려 합니다. 결국 선한 마음으로 자비를 베풀려 했던 슈퍼맨도 조드를 죽이고 맙니다. 살인이 좋아서 한 게 아니라, 대의를 생각해서 아픈 마음을 무릅쓰고 결정하는 것이지요. 그저 힘만 강한 것이 아니라 그런 선한 마음을 품는 게 바로 영웅으로서 슈퍼맨의 모습입니다."

여기까지 이야기하면서 서준은 끝부분에 말한 생각을 전해 준 태희에게 특히 고마웠다. 워크북을 여럿이 함께 작성할 때는 좋은 아이디어라며 건성으로만 받아들였는데, 자기 자신에게 이야기하듯이 발표하다 보니 그 의미를 새삼 깨닫게 되었다. 생각만큼 멋지게 발표하지는 못했지만, 서준은 태희가 말한 것처럼 끝까지 최선을 다한 자신이 자랑스러웠다. 서준은 자리로 돌아가기 전 홀가분한 마음으로 말했다.

"12단계인 '불로불사의 영약과 귀환'에서 영웅은 물리적인 보상이나 추상적인 깨달음, 지식 따위를 얻어서 예전과 다른 존재가 되어 집으로 돌아온다고 했잖아요? 영화에서는 클라크인 척 살아가는 슈퍼맨이 사건 현장에 있어도 의심받지 않을 정식 기자가 되어 로이스 곁에 있게 됩니다. 원래 있던 곳으로 돌아가는 게 아니라, 지구인을 구할 확률도 높고 사랑을 얻을 확률도 더 높은 자리로 오는 것이지요. 지구인이든 애인이든 더 확실히 지키겠다는, 더욱 높아진 강철 의지를 안고서 말입니다."

이야기를 마친 서준은 꾸벅 인사했다. 사람들은 진정 공감하는 큰 박수를 보냈다.

자기 자리로 돌아가는 서준을 보며 강사가 말했다.

"처음에는 하기 싫어하더니. 저 친구가 억지로라도 조장이 되어 발표하지 않았으면 어쩔 뻔했어요."

"아니에요. 억지로 조장이 된 게 아니라 우리가 뽑은 조장이에요."

태희가 말했다. 다른 조원들도 태희 말이 맞다고 소리쳤다.

서준의 워크북 발표와 비교당할까 봐 그러는지 다음에 선뜻 발표하겠다는 조가 없었다. 그때 나영이 손을 들고 나섰다. 그리고 나영과 준석 둘이 나가서 대화하듯 발표하여 역시 큰 박수를 받았다. 아들 둘의 당당한 모습을 보며 동영은 하도 대견해서 가슴이 터질 것 같았다.

다른 조들까지 발표를 끝낸 뒤 강사가 뽑은 1등은 나영네 조였다. 서준은 준석에게 지면 기분 나쁠 줄 알았는데, 희한하게도 기분이 나쁘지 않았다. 그렇다고 져서 좋은 것은 아니었다. 다만 자기가 최선을 다한 결과 2등을 한 것이 나쁘지 않았을 뿐이다. 그리고 자기를 적극적으로 도와준 태희를 비롯한 조원들에게 미안했다.

"여러분의 발표를 듣고 크게 감동했습니다. 이거 모두 상을 드려야 할 것 같은데요? 다음 주는 단체로 뮤지컬을 관람하는 시간이지요? 꿈의 학교 진행팀이 여러분을 위해서 재미와 유익함 모두 잡을 수 있는 비장의 무기로 넣은 프로그램이라고 들었습니다. 오늘은 제가 멋진 이야기를 많이 들은 셈이니, 오늘 강연비 중 일부는 뮤지컬 관람할 때 시원한 음료수라도 드시라고 기부하도록 하겠습니다."

사람들은 좋아라 박수를 쳤다.

"단, 뮤지컬을 대충 보진 마세요. 원래 비싼 뮤지컬인데 단체 관람으로 티켓을 조금 저렴하게 구입한 거예요. 그리고 그 뮤지컬은 전 세계적으로 유명하기도 하지만 단지 그 이유 때문에 관람하는 것은 아닙니다. 이것도 현장 조사 전의 자율 과제예요. 일종의 선행 과제!"

뮤지컬 관람이라는 말을 듣고 명목상의 현장 체험 활동인 줄 알았던 사람들은 '과제'라는 말에 긴장했다.

"뮤지컬의 주인공 돈키호테가 영웅인지 아닌지를 분석해 보세요. 그러면 다다음 네 번째 시간에 토론하고 발표할 때 도움이 될 거예요. 그날에는 어떤 사람이 영웅이라고 불릴 수 있을지 영웅의 조건을 알아볼 거예요. 그리고 오늘 1등 한 조가 특별 과제로 아주 좋은 책을 읽고 요약해 와서 발표도 할 겁니다. 그 책 제목이 뭐라고 했죠?"

강사는 나영을 지목해서 물었다.

"강사님이 쓴 『영웅의 무의식』 1권이요."

"네, 좋습니다. 아주 명저예요."

강사의 말에 사람들이 웃음을 터뜨렸다.

"그러면 뮤지컬 재미있게 관람하시고, 분석해 보시고, 다음다음 시간에 더 좋은 모습으로 만나겠습니다."

다들 뿌듯한 얼굴로 시청각실을 나섰다. 준석과 서준이 속한 두 조는 각 조원들끼리 이야기를 마저 하느라 남아 있었다.

그러다 서로 눈이 마주친 서준과 준석 형제는 힙합 배틀을 하는 가수 같은 표정을 지으며 턱으로 상대방을 가리켰다. 그리고 텔레파시가 통한 것처럼 서로에게 엄지손가락을 세워 보였다. 그러다가 짓궂게 가운뎃손가락으로 바꿔 들기도 했지만.

6

돈키호테는 영웅일까?

꿈의 학교 참가자들 중 사정이 있는 몇 명을 빼고 다 같이 뮤지컬 〈맨 오브 라만차〉를 관람했다. 대형 극장에서 뮤지컬을 단체로 관람하는 것은 대부분 처음이었다. 몇십 명이 우르르 함께 좌석에 앉으니 극장 전체를 전세 낸 것 같아 모두들 기분이 좋았다.

김성학은 〈맨 오브 라만차〉가 세르반테스의 소설 『돈키호테』를 액자 형식으로 각색한 작품이며, 영화나 드라마에 나오는 유명한 배우들이 출연한다고 설명해 줬다. 설명은 그게 다였지만, 학생들은 만화나 요약본으로만 봤던 『돈키호테』를 생각하며 공연을 기다렸다.

드디어 실내등이 꺼졌다. 사람들은 뮤지컬이라면 쉽게 연상되는 화려한 무대 의상과 장면이 바뀔 때마다 달라지는 멋진 배경 그림과 소품, 노래를 기대하면서 점점 밝아 오는 무대를 지켜보았다. 그러나 기대와는 다른 장면이 눈에 들어왔다.

무대는 스페인의 어느 지하 감옥으로 꾸며져 있었다. 어두컴컴한 지하 감옥의 천장으로 난 문이 열리면서 계단이 내려왔다. 그리고 죄수 두 명이 새로 들어왔다. 바로『돈키호테』의 작가 세르반테스와 그의 시종이었다.

"어? 작가가 직접 나오네!"

돈키호테가 등장하리라 생각했던 서준은 당황했다. 그런 만큼 무대 위에서 펼쳐지는 상황을 더 주의 깊게 관찰하게 되었다.

무대 위에 있던 다른 죄수들은 세르반테스의 얼굴을 보고 범죄자와는 거리가 먼 인상이라고 생각했다. 이런 얼굴을 한 영감이 도대체 왜 감옥에 들어왔을까. 호기심이 동한 죄수들을 대표해서 별명이 '도지사'인 죄수가 세르반테스에게 거칠게 말을 걸었다. 세르반테스는 수도원에 세금을 매긴 일 때문에 종교 재판을 받게 됐다고 정중하게 밝혔지만, 돌아온 것은 죄수들의 비웃음이었다.

세르반테스는 죄수들이 나름의 규칙에 따라 벌이는 재판에 부쳐졌다. 죄수들은 세르반테스를 몽상가라고 비난하면서 현실적이지 못하고 이상만 추구하는 그 자체가 바로 죄라고 추궁했다. 그러자 세르반테스는 그 자리에서 죄수들을 배우로 하여 즉흥극을 펼치며 자신을 변호하기 시작했다. 세르반테스가 주인공인 라만차의 돈키호테를 맡고, 그의 시종에게는 돈키호테의 시종인 산초 역할을 맡겼으며, 나머지 죄수들도 저마다 역할을 맡아 연기하게 했다. 유명 배우가 연기하는 세르반테스는 이제 알론조라는 인물을 연기하기 시작했고, 그 알론조는 곧 돈키호테가 되었다.

"아하, 액자형 구성이라는 게 이거였구나. 연극 속의 연극, 이야기 속의 이야기, 소설 속의 소설, 게임 속의 게임, 영화 속의 영화……."

준석은 고개를 끄덕이며 무대를 보았다. 그다음 내용은 대충 알고 있던 돈키호테 줄거리와 기본적으로 비슷했다.

스페인의 시골 마을 라만차에 살고 있는 늙은 신사 알론조 키하노는 고전인 기사 이야기를 너무 많이 읽었다. 그런 탓에 자신이 돈키호테라는 기사라고 착각하더니 급기야 시종인 산초를 데리고 모험을 찾아 길을 떠난다. 하지만 그가 만난 것은 이야기 속 기사들이 만난 용이나 거인, 멋진 장소가 아니라 평범한 사람들이었다. 기사 이야기에 나오는 성이라고 생각해서 들어간 곳은 여관에 불과했다.

그 여관에서 돈키호테는 거친 삶을 살고 있는 알돈자 로렌소라는 여자를 만난다. 돈키호테는 알돈자를 보자마자 그녀가 기사 이야기라면 으레 나오는, 목숨 바쳐 지킬 만한 아름다운 숙녀 둘시네아라고 믿어 버렸다. 돈키호테는 알돈자에게 경의를 표하지만, 알돈자의 눈에 돈키호테는 미친 노인네일 뿐이다. 그런데 무시하고 싶어도 그러기가 힘들었다. 농부의 딸로 태어나 낯설고 거친 사람들이 밀려드는 여관 종업원으로 힘겹게 살아온 알돈자의 일생을 통틀어 처음으로 그녀를 존중해 준 사람이 바로 돈키호테였기 때문이다. 알돈자는 돈키호테가 자신을 깍듯이 대하는 태도가 좋았다. 덕분에 불량배들의 장난도 피할 수 있었다.

그러나 현실은 녹록지 않았다. 여관에서 돈키호테는 이발사가 갖고 다니는 세숫대야를 황금 투구라고 우기고 여관 주인에게서 기사 작위를 받지만, 그는 진짜 기사가 아니었다. 돈키호테에게는 알돈자가 정말로 곤경에 빠졌을 때 그녀를 구할 힘이 실제로는 없었다.

한편, 그의 고향에서는 결혼을 앞둔 조카가 삼촌 알론조를 찾고 있었다. 드디어 알론조의 행방을 알아낸 조카와 그의 약혼자는 삼촌이 정신을 차릴 만한 일을 벌이기로 작정했다. 이 사실을 모르는 돈키호테는 모험에 나섰다가 무어인 집시들에게 가진 것을 몽땅 털리고 다시 여관으로 돌아온다.

그때 찢어진 옷에 상처투성이가 된 알돈자가 나타난다. 돈키호테의 태도에 감동해서 난생처음으로 인간답게 살 수 있다는 희망을 품게 된 바로 그때 노새꾼들에게 험한 꼴을 당한 것이다. 돈키호테는 여전히 그녀를 둘시네아라고 부르며 무릎을 꿇지만, 알돈자는 자기는 둘시네아도 숙녀도 아닌 거리의 천한 여자일 뿐이라고 울부짖는다.

알돈자의 행동에 충격을 받은 돈키호테 앞에 이번에는 거울 방패를 든 흑기사들이 나타난다. 그들은 거울에 돈키호테의 모습을 비추어 보여 주며 진정 당신이 누구인지 깨달으라고 말한다. 그제야 자신이 기사 돈키호테가 아니라 나약하기 그지없는 노인이라는 사실을 깨닫고 알론조는 그 자리에 쓰러진다.

이때, 지금까지 알론조를 연기하던 세르반테스에게 곧 재판 차례가 돌아오니 준비하라는 관리의 목소리가 들려온다. 아직 시간이 있으니 연극을 마저 끝내라고 하는 '도지사'에게 세르반테스

는 자기가 쓴 부분은 여기까지라고 말한다. 그러나 결말이 마음에 들지 않는다고 죄수들이 들고일어나자 세르반테스는 즉흥극으로 이야기를 더 보여 주기로 한다.

이제 세르반테스는 병상에 누운 알론조를 연기하기 시작했다. 갑자기 시끄러운 소리가 나며 알돈자가 그의 병상으로 뛰어들었다. 알돈자는 죽음을 앞에 둔 돈키호테의 손을 붙잡고 둘시네아를 기억하라며 눈물을 흘린다. 그녀의 옷은 예전과 달리 정말 고결한 여자가 입을 법한 옷이었다. 돈키호테 덕분에 진정한 인간으로서의 삶이 무엇인지 깨달은 알돈자는 그에게 감사 인사를 하러 온 것이다. 그러나 이미 자신이 돈키호테가 아닌 늙은이일 뿐이라는 사실을 깨달은 알론조는 알돈자를 알아보지 못한다. 그러자 알돈자는 눈물을 흘리며 돈키호테에게 그의 노래를 불러 주었다.

알론조는 그 노래를 들으며 다시 돈키호테로 돌아와 알돈자를 둘시네아라고 부르고, 세상을 바꾸기 위해 일어서리라고 소리친다. 하지만 그게 마지막이었다. 알론조는 숨을 거두고 말았다. 그리고 알돈자는 자신을 부르는 산초에게 이제 자기 이름은 '둘시네아'라고 말한다.

이렇게 죄수들의 연극이 끝날 무렵 세르반테스가 재판받을 차례가 되었다. 죄수들은 아까 알돈자가 불렀던 〈불가능한 꿈〉을 합창하며 세르반테스를 배웅한다. 죄수들은 처음에 몽상가라고 비웃었던 세르반테스에게 존경의 마음을 품게 되었다.

*

뮤지컬이 끝난 후, 동네로 돌아와서도 아이들은 흩어지려고 하지 않았다. 서준은 태희와 이야기를 더 나누고 싶어 동영의 북카페로 가자고 했다. 그러자 준완이 태희를 따라서 왔고, 다른 조에 속한 서준의 친구 민성과 성규도 태희에게 관심을 보이며 따라왔다. 준석도 나영, 준용과 함께 왔는데, 동영이 세미나실을 무료로 빌려주겠다고 해서 졸지에 합석하게 되었다.

거기에 인솔자로 나섰던 선생님들까지 들어오니 그 수만 해도 열 명이 넘었다. 세미나실을 자주 쓰던 독서 모임의 리더 김미경이 자연스럽게 나서서, 막내인 중학교 1학년 준용에게 감상을 물어보았다.

"뮤지컬이라기에 노래가 많고 춤도 추고 화려할 줄 알았는데

그렇지 않아서 좀 실망했어요. 무대도 그냥 계단만 올라갔다 내려
왔다 하면서 때우고.”

“그랬구나. 다음에 또 기회가 있다면 준용이 같은 학생도 즐길
수 있는 것을 준비해야겠네.”

김미경은 한 명씩 돌아가면서 얘기해 보자고 제안했다. 민성은
자기가 얼마나 잘 이해했는지 보여 주려 팸플릿에 나온 줄거리를
거의 다시 읽다시피 했다.

성규는 짤막하지만 울림이 느껴지는 목소리로 말했다.

“팸플릿에 ‘꿈을 향한 도전’이라는 말이 적혀 있었는데, 왜 그
렇게 적었는지 이해할 수 있었어요.”

서준이 느끼기에 꽤 괜찮은 말이었다. 이런 순서대로라면 마지
막에 앉아 있는 자기가 뭔가 더 인상적인 말을 해야 할 것 같은 부
담을 느꼈다. 머릿속으로 멋진 말을 찾는 동안 차례가 점점 다가
왔다.

나영 차례가 되었다. 나영은 중학교 때 『돈키호테』를 읽은 경험
을 바탕으로 감상을 말했다. 심지어 뮤지컬에 나온 주인공의 대사
까지 외우고 있었다.

“미쳐 돌아가는 이 세상에서 가장 미친 짓은 현실에 안주하고
꿈을 포기하는 것이라오!”

나영은 소설보다 뮤지컬에서 여자 주인공 알론조의 역할이 더
비중 있게 다루어져서 좋았다면서 공연 팸플릿에 적힌 문구를 가
리키며 말했다.

“‘현실의 억압을 뛰어넘는 꿈을 향한 열정적인 도전!’ 저는 이

런 열정을 느낄 수 있어서 좋았어요."

준석은 김미경이 자기한테도 질문할까 봐 자리에서 슬쩍 일어나려고 했다. 그러자 동영이 조용히 팔을 잡아당겼다. 일어서려는 자와 앉히려는 자 사이에 잠시 힘겨루기가 벌어졌다.

그 모습을 본 김미경이 물었다.

"준석이는 무슨 일 있니?"

"아, 아뇨. 다리가 불편해서 잠깐 몸 좀 풀려고 했어요."

"그래? 그럼 이왕 일어난 김에 너도 감상을 말해 볼래?"

잠시 머뭇거리다가 준석이 말했다.

"꿈에 도전하는 열정이 좋았어요."

"그래, 알겠어. 그런데 그건 나영이가 벌써 얘기한 거니까, 네가 느낀 점을 좀 더 자세히 설명해 주면 어떨까?"

"꿈은 꿈이에요. 왜냐하면 꿈이기 때문이지요. 그래서 설명하기가 힘들어요."

준석의 말에 모두들 폭소를 터뜨렸다.

"맞아, 그렇게 말할 수도 있어. 그런데 너 설마, 영웅 찾기 과제를 할 때 아무나 뽑아 놓고 '영웅은 영웅이에요. 왜냐하면 영웅이기 때문이지요.'라고 할 건 아니겠지?"

준석은 주변의 눈치를 살피다 멋쩍게 웃었다. 김미경이 말했다.

"감상 발표는 이만하면 됐고, 질문을 바꿔 볼게요."

속으로 멋진 말을 준비하고 있던 서준은 아쉬움에 한숨을 짧게 내쉬었다. 김미경은 그러는 서준에게 살짝 미소를 보냈다.

"『돈키호테』에서 영웅은 누구일까요?"

"그야 돈키호테잖아요."

준석이 냉큼 대답했다. 김미경은 고개를 가로저으며 자신이 가져온 『돈키호테』 책을 펼쳤다.

"이 책 서문을 보면, 저자는 중세에 유행한 기사도 책에 나오는 거짓되고 터무니없는 이야기들을 사람들로 하여금 증오하게 하고 싶었을 뿐이라고 했어."

"그러면 오히려 돈키호테처럼 현실을 제대로 보지 못하고 착각에 빠져 살면 안 된다는 의도로 쓴 거잖아요?"

짐짓 몰랐다는 투로 동영이 물었다. 그러자 김미경이 동영의 질문에 답했다.

"맞아요. 세르반테스는 돈키호테를 그렇게 긍정적으로 바라보지는 않았어요. 그래서 우스꽝스럽게 묘사했지요. 물론 당시 서슬이 시퍼런 종교와 정치권력의 검열을 피하면서, 사회를 비판하고 알론조처럼 억압받는 인간들의 이야기를 다루기 위한 수단이기도 했지만요."

"그렇다면 돈키호테가 꿈을 위해 도전할 줄 알았던 진짜 영웅은 아닌 거잖아요."

동영의 말에 잠시 정적이 흘렀다. 서준은 동영이 지금 자기도 모르는 이야기를 하다가 무리수를 둔 것이라 생각했다. 김미경이 말한 것처럼 많은 사람들이 400년도 더 된 소설에, 50년도 더 된 뮤지컬에 여전히 열광하고 있고, 그 내용을 잘 모르던 자신마저도 감동받을 정도로 힘이 있는데 감히 영웅이 아니라고 하다니.

"어, 잠깐만요. 돈키호테가 영웅이 아니라면 대체 누가 영웅이라고 생각하시는 건가요?"

준석이 묻자 동영이 뒷머리를 쓰다듬으며 대답했다.

"그건 지금부터 생각하면서 보물찾기처럼 작품을 뒤져 가며 찾아내야 할 거 같지 않아? 각 조에서 머리를 맞대고. 그래야 다음에 강사님 만날 때 발표할 수 있지 않을까?"

"좋아요. 일단 우리가 분석할 거예요. 그런데 아빠의……, 아니 윤동영 님의 의견은 뭔가요? 참고만 할게요."

준석이 동영에게 물었다.

"그게 숙제의 답이라니까. 아빠가……, 아니 내가 그런 잔꾀에 넘어갈 것 같아?"

준석은 두 주먹을 꽉 쥐며 아깝다는 표정을 지었다.

"보물찾기라……. 좋은 비유인데요?"

김미경이 말하자 준석이 재빨리 끼어들었다.

"보물찾기를 하면 선물도 있어야 하는데."

"영웅 찾기를 하는 사람이 선물을 노리고 하면 되나요?"

"어, 영웅도 보상을 원한다는 거 벌써 잊으셨어요?"

"아무튼 요즘 학생들은 말로는 못 이긴다니까. 자, 어떤 보상을 원하나요?"

"어디까지 주실 수 있는데요?"

김미경은 웃으면서 말했다.

"돈을 걸기는 그렇고, 이 카페에서 음료와 간식 먹을 수 있는 쿠폰 같은 건 어떨까?"

"어, 저희는 언제나 먹을 수 있는데요."

서준은 김미경의 제안에 어이없다는 투로 말했다.

"유치하게 먹는 거라니. 그냥 돈으로 해요. 왜냐하면 저희는 현실적이니까요."

준석의 말을 기다렸다는 듯 동영이 탁자에 봉투 하나를 탁 내려놨다.

"옜다!"

봉투에는 돈이 들어 있었다.

"오늘 행사가 아주 잘돼서 기분 좋아 내놓는 후원금이야. 지금 맞히면 현금으로 주고, 못 맞히면 문화 상품권으로 바꿔서 다음 모임 과제 때 최고 점수를 받은 조에 줄 거야."

"어라? 아빠, 아니 윤동영 님의 답이 정답이라는 보장은 없잖아요."

"우리는 강사님 강연을 들어서 이미 답을 알고 있어."

"언제요?"

아이들이 합창하듯 물었다. 동영은 아차 하는 표정을 지었다. 꿈의 학교 프로그램을 기획하면서 영웅 개념을 잘 이해하기 위해 자문 위원이던 강사에게 여러 인물형 이야기를 듣는 시간이 있었다. 그때 돈키호테에 관한 설명을 듣고 깨달은 바가 많아, 참가자들을 위해 프로그램에 뮤지컬 관람을 넣었다는 것은 비밀이었다. 동영은 짐짓 더 큰 소리로 말했다.

"먼저 보물을 찾는 사람이 가져가는 거야!"

그 말이 떨어지기가 무섭게 막내 준용이 말했다.

"돈키호테가 진짜 영웅이에요."

"왜?"

"주인공이잖아요. 주인공은 웬만하면 좋은 사람이라서 영웅이에요."

"땡! 범죄 영화를 보면 주인공이 범죄자인 경우도 있잖아."

"아하!"

잠시 멈췄다가 준용이 다시 입을 열었다.

"산초예요."

"왜?"

"돈키호테와 찰싹 붙어서 가장 많이 나오잖아요."

"잠깐만, 그냥 사람 이름만 이야기하면 안 돼. 수학 시험 서술형 문제에도 답만 맞으면 안 되고 풀이하는 과정까지 맞아야 하는 게 있잖아. 그러니 이름만 줄줄 이야기하기보다는 왜 그런지 이유를 깊이 생각해 보면 좋겠어."

"에이, 제가 제일 나이 어린데 그러면 불리하잖아요."

그 말에 서준이 발끈하며 대답했다.

"나이가 많다고 절대 유리한 건 아니야."

"어, 난 형 말고 저기 나영이 누나에게 한 말인데."

그러자 사람들이 모두 웃었다. 그러나 서준은 겉으로는 웃어도 마음이 편하지 않았다. 중학교 1학년짜리에게 무시당하다니. 그렇다고 정색을 하고 혼내기도 우스운 일이라 서준은 속이 부글부글 끓었다. 지난번에 발표하면서 이런 마음을 많이 버렸다고 생각했는데, 다시 못난 마음이 생기는 자기 자신이 싫었다. 〈맨 오브 스틸〉을 잘 분석해 낸 서준을 슈퍼맨처럼 강철 의지를 지니고 있는 것처럼 바라보던 태희의 눈빛이, 지금은 서준의 마음까지 투시하는 것처럼 느껴져 몸이 움츠러들었다.

그때 메모지에 이것저것 쓰면서 생각을 정리하던 나영이 동영에게 물었다.

"뮤지컬 작품 속에서 영웅을 찾는 거죠?"

"응."

"그러면 저는 알돈자로 할래요."

"이유는?"

"진짜 영웅은 힘든 상황에서도 불평하지 않고 도전하는 사람이잖아요. 물론 돈키호테도 주변 사람들에게 미쳤다고 손가락질받고 돈까지 다 빼앗겨도 멈추지 않았어요. 그런데 생각해 보니 알돈자도 그랬어요."

세 어른의 표정이 밝아졌다. 그 모습을 보면서 나영은 자기 생각이 답에 가까워졌다고 느꼈다. 그런데 준완이 말을 가로막았다.

"알돈자는 처음부터 돈키호테가 미쳤다고 생각했어요. 그 여자는 힘든 상황에서 불평을 달고 살았다고요."

"그렇지만 변했잖아."

나영이 대답했다. 준완은 지지 않고 다른 사람들을 설득하려 했다.

"그래도 영웅이라면 처음부터 달라야 해요. 어려운 일이 닥쳐와도 확실한 능력이 있어서 상황을 반전시키거나 초능력 같은 것이 있거나. 드러나지 않아도 일단 갖추고는 있어야 해요. 쿵푸 팬더나 슈퍼맨처럼."

"잠깐만! 모든 영웅이 슈퍼히어로로 같아야 하는 건 아니잖아. 처음에는 평범했던 인물이 힘든 일을 헤쳐 나가면서 강해져 영웅이 되기도 하니까. 〈반지의 제왕〉 주인공 프로도처럼."

준석이 준완에게 단호하게 말했다. 나영은 마음이 조금 편해져서 이야기를 풀어놓았다.

"생각해 보니 가장 많이 변한 사람이 알돈자더라고요. 물론 천박한 여자라고 무시받던 알돈자가 존중받을 만한 사람이라고 스스로 생각하게끔 도와준 사람이 돈키호테인 것은 맞아요."

"그럼 알돈자는 돈키호테가 옆에서 자극했기 때문에 변했을 뿐인가? 그렇게 영웅으로 변하기가 쉬운 건가?"

동영의 질문에 나영이 대답했다.

"그, 그건……. 아직은 잘 모르겠어요."

준석은 동영에게 화가 났다. 그냥 맞혔다고 하고 상금을 주면 나영을 도와준 생색도 낼 수 있고, 그 돈으로 맛난 것을 먹으며 더 친해질 수도 있을 텐데, 그런 좋은 기회를 동영이 망쳐 버린 것 같았다.

한참 동안 말이 없자 동영은 다른 학생들을 격려하며 말했다.

"일단 절반은 맞혔으니, 상금은 나머지 절반을 맞히는 사람과 반씩 나누기로 하지요. 물론 이 학생이 다 맞히면 다 가져가고."

7

돈키호테는 반영웅일까?

나영, 태희, 서준의 머릿속에는 거의 비슷한 장면들이 스쳐 지나갔다. 처음에 알돈자는 겉으로는 돈키호테를 미친놈이라고 말했지만, 속으로는 이상과 현실 사이에서 갈등했다. 알돈자 스스로도 돈키호테가 말하는 고결한 숙녀가 되고 싶은 마음이 있었다. 그러나 자기가 그런 숙녀가 아니라는 사실 또한 아주 잘 알았다. 아무리 간절히 바란다 해도 그렇게 될 가능성마저 낮았다. 그래서 아예 도전하고 싶지 않았다. 도전했다가 실패해서 상처받기보다는 차라리 도전 자체를 하지 않는 편이 마음 편하리라 생각했을 것이다.

여기까지는 서준과 나영과 태희 모두 비슷한 생각이었다. 하지만 딱히 좋아서라기보다는 다른 할 일이 없어서 게임으로 많은 시간을 보내는 서준이 두 여학생보다 알돈자에게 더 친밀감을 느졌다.

동영은 '너는 뭐든지 할 수 있는 가능성이 있는 사람'이라고 말하지만 서준은 자기가 '뭐든지 해도 안 될 것 같은 두려움을 안고 있는 사람' 같았다. 뭔가에 도전했다가 실패해서 동영을 실망시키고 싶지 않았다. 아니, 무엇보다도 자기 자신에게 실망하고 싶지 않았다. 서준보다 더 좋은 재능을 갖추고 더 좋은 환경에서 시작하는 아이들은 학교에서도 쉽게 찾아볼 수 있었다.

그러나 동영은 서준에게 용기를 주는 노력을 멈추지 않았다. 너무 천하고 열악한 조건에서 농부의 딸로 태어난 것 자체가 죄라고 여기는 알돈자에게 돈키호테가 계속 귀한 사람이라고 말해 줬던 것처럼. '내가 스스로 그렇게 생각해도 되나?' 하고 의문을 품기 시작한 알돈자처럼, 서준에게도 자신을 귀하게 여기는 마음이 생기고 있었다.

그렇다고 용기가 나지는 않았다. 자신이 충분한 능력과 자격을 갖추고 있다고 믿어 버리자니 돈키호테처럼 미친 것 같고, 도전하면 결국 원하는 것을 얻을 수 있다고 생각하자니 지금 이 모양 이 꼴로 살고 있는 자기 모습은 뭔가 싶어 더 혼란스러웠다. 꿈을 높이 꾸다가 추락하면 더 상처받을 것 같아 무섭기도 했다. 이런 생각에 빠진 서준이 가장 감동받은 장면이 있었다. 돈키호테가 서준 자신에게 말하는 것처럼 느껴졌던 장면. 그 장면에 집중하자 답이 보였다. 서준은 팸플릿에 나온 글귀를 보면서 고개를 흔들었다. 그리고 용기를 내어 입을 열었다.

"돈키호테가 자극을 주긴 했지만 결국 자신과의 싸움에서 이겼기 때문에 나중에 멋지게 성장할 수 있었던 겁니다."

"좀 더 풀어서 이야기해 줄 수 있겠어?"

김미경이 의미심장하게 웃으며 물었다. 서준은 혀를 한 번 차고는 말했다.

"현실이 너무 힘들고 두려우니까요. 알돈자에게 꿈은 사치인 것 같고 그냥 어떻게든 버티자, 어떻게든 살아남자는 생각이 더 컸어요. 그렇게 꿈을 버리고 현실에 집중하면서 살아남아도 행복하지 않지만, 꿈을 좇는 것도 실패하면 상처받을까 봐 무서워해요."

서준의 말이 끝나자 동영이 재빨리 나섰다.

"그러니까 꿈을 좇고 싶은 것도 알돈자의 마음이고 꿈을 포기하고 싶은 것도 알돈자의 마음이니, 결국 이상과 현실의 싸움이 아니라 자기 자신과의 싸움인 셈이네."

준석은 서준을 거드는 아빠의 모습을 보면서, 아까 나영에게 질문할 때와는 사뭇 다르다고 느꼈다. 하지만 서운함보다는 낯설다는 느낌이 더 강했다. 서준의 모습도 달라 보였다.

김미경이 서준에게 말했다.

"뮤지컬에 나온 대사가 기억난다면 그걸 인용해서 알돈자가 자기 자신과의 싸움에서 어떻게 이겼는지 더 자세히 말해 줄래?"

서준은 진지하게 대답했다.

"자기 안에서 이러지도 저러지도 못하는 혼란스러운 싸움에 빠진 알돈자에게 돈키호테가 이렇게 말해요. '이기고 지는 것은 중요하지 않다.'고. 그 말처럼 결과와 상관없이 자기 길을 가야 한다는 생각이 들었기에 힘든 길도 선택한 거예요. 〈반지의 제왕〉에서 프로도도 자기가 백 퍼센트 성공할 것이라는 믿음 때문이 아니라, 그래도 길을 떠나야 자기에게 주어진 운명답게 살 수 있다는 생각에서 도전했던 것처럼요. 좀 웃긴 비유처럼 들리시겠지만, 게임도 끝판왕을 백 퍼센트 깰 수 있을 것 같아서 하는 게 아니라……. 아네요, 이건."

비록 서준의 말은 흐지부지되었지만 동영의 표정은 환해졌다. 예전에 동영이 북카페를 차리겠다고 결심하게 된 이유를 얘기할 때, 실패해도 괜찮으니 우선 자신의 길을 가는 게 중요하다고 한 말을 서준이 기억해서 멋지게 이야기한 거라고 생각했다.

하지만 그것은 착각이었다. 서준은 뮤지컬의 장면에 감정을 이입해서 그 말의 의미를 되새긴 거였다. 같은 말도 동영이 할 때는 뻔한 얘기라고 생각했는데, 서준 자신이 알돈자 처지에서 객관적으로 들어 보니 감동이 크고 새롭게 느껴졌다.

"자, 정답이에요."

김미경이 서준을 손으로 가리키면서 말했다. 그때였다.

"굳이 영화나 게임까지 갈 필요가 있을까?"

잠자코 있던 김성학이 날카로운 목소리로 말했다.

"지금 너희 청소년이나 우리 어른들이 살아가는 이 세상이, 이 현실이, 치열한 경쟁으로 범벅이 되어 있잖아. 나보다 잘난 것 같은 사람들 천지여서, 남들과 비교하면 할수록 알돈자처럼 열등감을 안고 살아가기 딱 좋잖아. 그리고 결과를 생각하면 감히 도전하기가 힘들지. 이런 상황에서 꿈이 있냐고 물어보면 밝게 웃으며 당당하게 대답할 사람이 몇이나 되겠니? 오히려 구름 잡는 듯한 이야기를 하고 질문을 던지는 돈키호테 비슷한 사람에게 알돈자처럼 화를 내게 되지."

"사실 지금 상황에서는 꿈을 꾼다는 것 자체가 처음에 죄수들이 세르반테스를 욕할 때 쓴 말처럼 망상같이 느껴져요."

지금까지 묵묵히 이야기를 듣고만 있던 한수영이 한숨을 섞어 말했다. 김미경이 그 말을 받아서 이야기했다.

"알론조는 자신을 돈키호테라 칭하며 진정한 기사가 되기 위해 여러모로 노력해요. 남들이 미쳤다고 손가락질해도, 상상 속의 성을 지키고 악당을 물리치고 숙녀를 구해 내지요. 가만히 앉아서 현실을 저주하고만 있지는 않아요."

"선생님, 그러면 제가 처음에 말한 것처럼 돈키호테가 영웅인 거잖아요?"

준석이 말했다. 여태까지 말을 참고 있던 민성과 성규도 고개를 세게 끄덕이며 힘을 보탰다.

김미경은 준석을 보면서 물었다.

"너는 그럼 돈키호테처럼 살고 싶어?"

"그건 좀 아니지요."

"등장인물 중 하나를 고르라면 누구처럼 살고 싶어?"

준석이 잠시 생각에 잠긴 동안, 성규가 한숨을 쉬고 나서 아주 나지막하게 혼잣말을 했다.

"그래, 돈키호테는 확실히 아니야."

그 말을 곱씹은 뒤 준석은 마지못해 입을 열었다.

"저는 알돈자처럼 살고 싶어요."

"왜?"

"나중에 당당하게 성장하고 변신했으니까요."

"그럼 영웅은 알론조, 즉 돈키호테가 아니라 알돈자 아닐까?"

"그러면 주인공 돈키호테는 도대체 뭐인 거예요?"

민성이 더는 참지 못하고 물었다.

"맞아, 돈키호테가 매력적이기는 해. 하지만 그 매력에 취해서 진정으로 성장하는 힘을 보여 준 진짜 영웅을 알아보지 못해선 안 되겠지. 영웅은 역할 모델이 될 만한 사람이야. 그런 의미에서 돈키호테는 주인공이기는 해도 영웅은 아니야. 비록 주인공은 아니지만 알돈자가 영웅이기는 한 것과 다르지."

여기까지 말하고서 김미경은 잠시 뜸을 들였다가 말을 이었다.

"……돈키호테는 반영웅이라고 할 수 있어."

"반영웅?"

민성은 고개를 갸웃거렸다.

"반쪽만 영웅이라고 해서 반영웅인 거예요?"

준석이 물었다.

"하하하, 아니. 안티히어로(antihero)를 번역해서 반(反)영웅이라고 하는 거야."

"안티? 그럼 영웅을 싫어한다는 거? 그러면 악당?"

"아니야. 안티히어로와 악당은 달라."

"그럼 반영웅은 뭐예요?"

"반영웅을 알아야 그것의 반대인 영웅도 제대로 찾을 수 있지."

김미경의 말에 나영이 대답했다.

"맞아요. 제가 본 책에도 그렇게 쓰여 있었어요. 분명히 노트에 정리해 놨는데……."

나영은 가방에서 노트를 찾아 자기가 적어 놓았던 내용을 읽었다.

"예전에 사회 비판 소설이나 전쟁 영화, 서부 영화, 탐정 영화에 등장하는 주인공들은 대부분 영웅이었다. 그런 영웅들은 사회적 규칙 안에서 자신의 뜻을 펼치려고 노력한다. 그리고 누구에게 폭력을 쓰거나 심지어 살인을 해야 하는 순간에도 사람들의 동의나 법적인 근거가 있을 때까지 기다리는 모습을 보여 준다."

나영의 말을 들으며 서준과 준석은 예전에 동영과 나눈 이야기를 떠올렸다. 셋이 함께 블록버스터 영화를 보고 나오는 길이었다. 동영은 주인공이 아무리 자신의 능력을 화끈하게 보여 주며 시원하게 문제를 해결하더라도 진정한 영웅은 아니라고 했다. 오히려 이것저것 고민하던 옛날 영화 속 주인공들이 진정한 영웅이라고 말했다. 서준과 준석은 아빠의 말이 전혀 공감되지 않았다. 백번 양보해서 그 주인공들이 분위기 처질 정도로 착한 척하는 영웅이라고 인정해 줄 수는 있겠지만, 딱 봐도 가슴을 후련하게 하는 요즘 영웅보다는 못한 존재라고 생각했다. 고민보다는 행동을 앞세우는 영웅이 나오는 요즘 영화는 스토리가 허술하다는 동영의 말에도, 멋진 액션이 더 많이 나오고 문제를 더 빨리 효과적으로 해결하는 게 훨씬 더 중요하다고 생각했다.

"영웅이 사회적 규칙을 따르지 않을 경우에는 아무리 주인공이고 영웅이라고 해도 처벌을 받았어요. 말 그대로 정의의 심판을 받았지요."

"그래도 〈세일러 문〉에 나오는 것처럼 '정의의 이름으로 용서하지 않겠다.'는 것은 악당에게나 해당되지 영웅에게는 어울리지 않는 말 같아요. 그리고 악당이 악독한데 영웅이 착해 터지기만 해서야 어떻게 문제를 해결해요?"

나영의 말에 준완이 삐죽거리며 말했다. 김미경은 손뼉을 치며 말했다.

"맞아. 그게 바로 반영웅이 나오게 된 배경이야. 사람들 생각이 변해서 다른 영웅을 원하게 되어 반영웅이 나온 거지."

준완은 고개를 갸웃거렸다. 준석, 민성, 성규, 서준, 태희도 마찬가지였다. 나영은 김미경과 웃으며 눈빛을 주고받았다. 자신감이 붙은 나영은 노트에 쓴 내용을 보면서 손가락을 꼽아 가며 소리 높여 말했다.

"예전 소설과 영화들의 메시지는 간단했어요. 첫째, 영웅이든 악당이든 그 사회에 속해 있는 한 사회적 규칙을 넘어서는 안 된다. 둘째, 어떤 범죄를 저지르더라도 결국에는 얻을 수 있는 이득이 없다. 셋째, 폭력은 장기적으로 볼 때 문제를 해결하는 것이 아니라 오히려 문제를 만들게 된다. 넷째, 부득이 폭력을 쓴다고 해도 법이 허락할 때만 가능하다. 다섯째, 잘못된 점이 있으면 영웅도 법에 따라 처벌을 받는다."

나영은 주먹이 다 쥐어진 자기 왼손과 다른 사람들의 표정을 번갈아 보다가 왼손을 슬그머니 내렸다. 김미경이 나영의 이야기를 받아서 천천히 말했다.

"자, 잘 들어 봐요. 옛날 사람들은 영웅도 자기 자신과 사회적으로 똑같은 제약을 받으니 동일시하기 쉬웠어요. 그래서 영웅이 문제를 해결하고 보상받을 때 감정적으로 시원하게 대리 만족을 할 수 있었죠. 그런데 요즘 소설과 영화들에 나오는 주인공은 달라요. 그것을 보는 사람들이 놓여 있는 상황이나 세상을 바라보는 기본 시각이 달라졌거든요."

김미경은 물을 한 모금 마신 뒤 뮤지컬에서 돈키호테가 노래 부르는 동영상을 스마트폰으로 검색해 틀어 주었다.

"마지막 앙코르 때도 들었던 노래의 이 부분, '들어라, 썩을 대로 썩은 세상아, 죄악으로 가득하구나.' 이게 바로 반영웅을 좋아하는 사람들이 품고 있는 생각이거든. 아까 준완이가 말한 것처럼 악당이 규칙을 어기고 있는데 영웅만 규칙을 지키면 손해라는 생각은, 세상이 썩을 대로 썩어 아무도 규칙을 따르지 않는데 나만 규칙을 지키면 손해라는 생각이 반영된 거야."

서준은 확실하게 표현할 수는 없었지만 자기도 김미경이 말한 것처럼 느끼고 있다는 것을 부정할 수 없었다. 학원에서 쪽지 시험 볼 때 다들 부정행위를 한 적이 있었다. 그때 자기만 규칙을 지켰다가 성적이 나쁘게 나와 혼나고, 그 벌로 혼자서만 추가 숙제를 하고, 아이들이 비웃는 걸 견디지 못해 결국 학원을 옮겼던 불쾌한 기억이 지금도 생생했다.

그때, 독서 모임 회원으로, 광고 기획사에서 일하는 정연우가 끼어들었다.

"회장님, 이렇게 어렵게 설명하시면 어떡해요? 자, 이 미남 아저씨가 아주 쉽게 설명해 줄게."

아이들은 쉽게 말하는 정연우가 설명해 준다니 일단 반가웠지만, 미남이라는 말에는 절로 썩은 미소를 지었다.

"요즘 영화, 특히 마블 슈퍼히어로들을 봐. 법 따위는 거추장스럽게 여기면서 시원하게 활약해 주시는 영웅들이 많이 있지? 상대방에게 한 대를 맞으면 '어이쿠, 이걸 어떻게 법적으로 해결할까?' 하기보다는 바로 그 자리에서 백 대를 때릴 기세로 덤비지. '아, 이런 힘든 일이 왜 벌어졌을까? 그리고 나는 어떻게 해결해야 현명할까?' 이렇게 고민하는 영웅? 에이, 답답해서 안 보게 돼. 그냥 '닥치고 내 분노의 주먹을 받아랏!' 하면서 행동해야 '아이, 좋아 좋아.' 하면서 보게 되지."

정연우의 이야기를 들으며 준석과 서준은 여러 영화의 장면들을 떠올렸다. 그리고 바로 그런 요소 때문에 요즘 영화가 재미있는 거라고 생각했다.

정연우는 목소리에 힘을 주며 천천히 말했다.

"사람들은 확실히 이성보다 감성과 본능에 더 민감해. 너희를 보고 갑자기 이렇게 생각하게 된 건 아니야, 쩝. 사람을 바라보는 광고쟁이들의 기본 가정이지. 어쨌거나 사람들은 주인공이 자기처럼 억울한 일을 당했을 때 자기와 다르게 법을 무시해 버리고 복수하는 장면에서 이성적으로 따지기보다는 본능적으로 대리만족을 느낄 거라는 사실을 영화감독도 잘 알고 있어. 그렇게 본능적으로 일을 저지르는 캐릭터로 주인공을 만들다 보니 예전 영웅과는 전혀 다른 사람들이 나오는 거야. 그저 돈이 많으니까 무기를 만들어 자존심을 지키거나 개인적인 분노와 원한을 풀려고 신나게 싸우는 아이언맨 류의 슈퍼히어로처럼 말야."

정연우의 이야기를 들으며 나영은『영웅의 무의식』에 나온 비슷한 내용을 떠올렸다. 그리고 그것을 준석에게 귓속말로 말해 주었다. 나영의 말을 듣자 준석은 그때 함께 읽었던 내용이 기억났다.

●   요즘 사람들은 세상을 긍정적이라기보다 부정적이라고 생각하는 경향이 더 많다. 법은 약자를 보호하지 못한다는 인식이 강하고, 다른 사람들은 나를 힘들게 하거나 욕하거나 피해를 줄 확률이 더 높다고 생각한다. 그래서 현실에서는 더 움츠러든다. 그러나 영화나 소설을 볼 때는 자기를 모욕하고 무시하는 사람들을 깔아뭉개는 더 잘나고 더 힘센 주인공에게 감정을 이입하면서 스트레스를 풀려고 한다. 그런데 이러한 주인공이 멋져 보인다고 해서 꼭 영웅인 것은 아니다. 이들은 반영웅이다.

책에서 본 내용의 의미를 되새기던 준석은 자기도 모르게 소리쳤다.

"맞아, 그거야!"

모두의 시선이 준석에게로 쏠렸다.

"오늘 본 뮤지컬의 돈키호테가 반영웅이라면, 반영웅에게 마음을 빼앗기는 게 요즘 문제만은 아닌 거잖아요? 왜 요즘 청소년들이 즐겨 보는 슈퍼히어로물이 문제라고 말씀하시는 거지요?"

어른들은 모두 한 방 얻어맞은 듯한 표정을 지었다. 잠시 정적이 흘렀다.

"그래, 맞아. 400년 전의 돈키호테뿐만 아니라 일탈하는 '반항아'와 '아웃사이더'는 사람들의 사랑을 받았어."

동영은 영국의 로빈후드와 우리나라의 홍길동, 일지매, 임꺽정을 그 사례로 이야기했다. 아이들은 고개를 조금씩 끄덕였다.

동영이 아이들에게 물었다.

"돈키호테처럼 풍차를 용으로 생각해서 달려드는 것과 알돈자처럼 현실을 변화시키려고 달려드는 것 중 하나를 선택해야 한다면, 너희는 어느 쪽을 고르고 싶니?"

아무도 대답하지 않았다. 답이 너무 뻔한 탓이라 생각한 동영은 그래도 확인을 하기 위해 준석에게 대답해 보라고 채근했다.

"아빠, 아니 동영 님! 당연히 현실 변화지요. 하지만 그게 힘들잖아요."

"돈키호테는 괴롭지 않았을까, 준석 님?"

그 말에 준석은 잠시 생각하다가 대답했다.

"괴롭기는 했겠지요."

"맞아. 무어인에게 얻어맞기도 하고, 사람들에게 미친놈이라고 욕을 먹기도 했지. 그런데 이왕 겪어야 하는 고통이라면 좀 더 긍정적인 것을 선택해야 하지 않을까?"

"그런데도 왜 사람들은 돈키호테를 영웅이라고 하는 걸까요?"

"자신의 꿈을 향해 불굴의 의지로 달려 나가는 돈키호테의 모습 자체는 영웅적일 수도 있어. 하지만 돈키호테보다 알돈자가 시련을 이겨 내고 가치를 추구한 영웅의 코드를 더 확실하게 갖추고 있어. 그녀를 무시하고 돈키호테만 조명하는 것은 불합리해. 그래서 뮤지컬에서는 알돈자의 변화가 더 두드러지게 각색한 거야."

"어른들도 그렇게 분석하기 힘들어하는데, 우리가 반영웅과 영웅을 어떻게 구별해요?"

준석의 투정에 나영이 조심스럽게 끼어들었다.

"사회 규칙을 잘 따르는 것?"

그 말을 듣고 김미경이 대답했다.

"역시 사회 선생님 딸답군. 맞아, 그것도 물론 중요하지. 하지만 다른 요소도 많아. 원래 모험을 하게 되는 출발점과 진행 과정을 잘 살펴보면 구별이 돼."

"어떻게요?"

"영웅은 진짜 문제를 해결하기 위해서 성장의 고통을 참아 내. 그렇지만 반영웅은 성장의 고통을 참기보다는 그 고통을 피하려 일탈을 하지. 그러다가 문제가 저절로 해결되거나 운 좋게 스스로 해결하기도 해. 하지만 행동의 목적이 영웅처럼 진정한 문제 해결은 아니라는 점에서 차이가 나지."

김미경이 말을 마치자 동영이 잊어버릴까 싶어 나섰다.

"그리고 영웅은 평범한 사람이었던 경우가 많고 나중에 자기 약점을 더 보완하는 데 비해, 반영웅은 처음부터 특별한 장점과 단점이 확실하고 그런 면이 끝까지 남아 있는 경우가 많아. 배트맨을 보면 악당과 여러 번 싸운다고 해서 돈을 다 잃거나 암울한 성격이 바뀌거나 하지 않잖아? 처음부터 끝까지 일관되지."

김미경이 동영의 말을 정리하고 나섰다.

"사장님의 말을 짧게 정리하자면, 반영웅에게는 평범이 아닌 결핍이 있다는 거야."

"결핍이라……. 아이언맨에게도 결핍이 있나요? 다 갖고 있는 거 같은데?"

"설마 겸손함? 싸가지?"

갑자기 끼어든 서준의 질문에 다른 사람도 아닌 준완이 답하자 다들 웃었다.

"면도기?"

눈치를 보며 민성이 말했다. 김미경도 처음에는 웃다가 표정을 고치고 말했다.

"좋아요. 그런 식으로 따져 가면 결핍을 찾을 수 있어요."

서준이 다시 확인하기 위해 말했다.

"전직 특수 부대 요원인 〈데드풀〉의 주인공도 폭력적인 해결사로 지내다가 암에 걸려요. 이게 결핍이겠네요?"

"맞아."

"그래서 그 결핍을 채우려고, 즉 병을 고치려고 악당에게 속아 생체 실험을 하는 시설에 들어가죠. 그러다가 신체에 심각한 손상을 입지만 초능력을 얻게 돼요. 그 힘으로 악당을 가차 없이 죽여 버리고요. 이미 상한 피부는 재생할 수 없지만요."

"맞아, 반영웅 이야기에도 그런 식으로 패턴이 있어."

정연우가 서준의 말에 반갑게 맞장구를 쳐 주었다.

"에이, 그렇지만 영웅과 반영웅을 구별할수록 악당하고 더 헷

갈리는 것 같아요."

만족한 표정을 짓는 서준과 달리 준석은 툴툴거렸다. 김미경이 달래듯 말했다.

"그럴 수 있어. 그런 문제는 결핍에 대해 더 자세히 알아보고 구체적인 사례를 통해 구별하는 연습을 꾸준히 해 보면서 해결하면 돼. 내가 책을 좀 추천해 줄게."

준석은 책 제목을 받아 적었다. 북카페에 있는 책이었지만 동영은 굳이 끼어들지 않았다.

"이런 책들을 읽으면 배트맨은 반영웅이지만 조커 같은 악당은 아니라는 점을 알게 될 거야."

"잠깐만요. 배트맨이 반영웅? 어두운 면이 있긴 하지만 다른 사람을 위해서 좋은 일을 하잖아요."

"결과적으로 좋은 일이 중요한 게 아니야. 출발점부터 좋아야 영웅이야. 하지만 배트맨은 어릴 때 부모를 잃은 개인적인 상처가 커서 그것을 해소하려고 악당을 괴롭히는 쪽에 더 가깝지. 크리스토퍼 놀런 감독의 배트맨 시리즈가 명작이라는 평을 듣는 이유도 그런 점을 잘 분석해 냈기 때문이야."

준석은 거의 갸웃거리는 쪽에 가깝게 고개를 천천히 끄덕였다. 그 모습을 보고 김미경이 제안했다.

"이렇게 내가 설명하는 것보다 다음 모임에서 진짜 영웅 찾기를 하면 더 잘 이해될 거야. 어쨌거나 다음은 다음이고, 오늘의 승자에게 줄 건 주고 끝나야겠지?"

김미경은 봉투에서 돈을 꺼내 가까이 앉아 있던 서준에게 3만

원을 주었다. 서준은 표정을 제대로 관리하지 못해 히죽히죽 웃으며 돈을 주머니에 넣었다. 김미경이 나머지 3만 원을 나영에게 주자, 나영은 배시시 웃으며 머뭇거리다가 입을 열었다.

"오늘 맛난 거 많이 먹었으니 그 값으로 드린다고 하면 건방지다고 하실 것 같고……. 여기 계산대에 불우 이웃 돕기 모금함이 있던데, 거기에 넣을게요."

사람들이 박수를 쳤다. 벌써 주머니에 돈을 챙겨 넣은 서준은 졸지에 난처해졌다. 김미경은 개인적인 선택이니 괜찮다고 말해도 서준은 마음이 편하지 않았다.

"형, 그냥 가져. 우리가 불우 이웃이잖아."

준석의 말에 다른 사람들은 웃었지만, 서준은 그 말이 끝나기가 무섭게 자리에서 벌떡 일어나 모금함으로 쿵쿵거리며 걸어가 돈을 넣었다.

결핍의 종류

준석은 김미경이 추천한 책을 읽고 결핍의 종류를 정리했다. 결핍은 ① 능동적인 결핍, ② 수동적인 실패 두 가지로 나눌 수 있다. 두 번째 결핍은 결핍이 아니라 실패라는 말로 끝나는 점에 주의해야 한다. '실패야 일부러 자기가 능동적으로 선택하는 것이 아니라 어쩔 수 없이 당하는 거니까 수동적일 수 있어. 하지만 결핍을 능동적으로 선택하는 사람이 도대체 어디 있어?' 이렇게 생각할 때 떡하니 다음 내용이 나와서 노트에 정리했다.

- 능동적인 결핍이란 주인공이 모험에 나서는 것과 관련해 인격이나 외모나 능력 등 다양한 요소 중 어느 한 가지가 부족해서 결국 부정적인 사건을 일으키게 되는 것을 말한다.

- 아이언맨은 외모나 능력은 좋지만 인격적인 면에서 겸손하지 않아 적을 만든다. 심지어 같은 어벤져스 팀에서도 분란을 일으킨다. 그런 성격적 결핍 요소는 처음이나 끝이나 바뀌지 않는다.

- 〈노트르담 드 파리〉에서 성당의 종치기 콰지모도는 성격은 비단결이지만, 외모가 험상궂고 별 능력도 없는 탓에 결국 매력적인 집시 여성 에스메랄다와 이뤄지지 못하고 혼란이 빚어진다.

- 〈리플리〉라는 영화로도 다시 만들어진 〈태양은 가득히〉에서는 외모

가 빼어난 주인공이 상류 사회에 들어가기 위해서 필요한 것, 즉 자기에게 부족한 능력을 얻으려고 결국 사기를 치고 살인까지 하게 된다.

- 〈매드맥스〉의 주인공은 그저 착하고 평화롭게 지내는 것이 아니라, 물과 기름이 부족해 더 많이 얻기 위해 싸우고 살인까지 한다.

★ 주의!

- 이런 식으로 결핍이 일탈을 향해 능동적으로 뛰어들게 만든다는 측면에서 능동적인 결핍이라고 말한다.

- 능동적인 결핍의 충족 또는 결핍에 따른 분노에만 치중하면 영웅도 악당도 아닌 반영웅이 될 수 있다.

→ 개인적인 결핍이 있어도 사회적으로 더 많은 생각을 할 줄 알아야 영웅이 될 수 있지 않을까? (나영 누나와 이야기 나누며 생각하게 된 것♥)

8
멋있는 반영웅은 좋은 것 아닐까?

서준은 다음 발표에서는 나영네 조를 완벽하게 이기고 싶었다. 다음 날 아침 서준은 도서관으로 달려가 『영웅의 무의식』 두 권을 다 빌렸다. 처음에는 책장을 넘길 때마다 두드러기가 돋는 것 같았다. 하지만 꾹 참고 읽으면서 서준은 준석이 왜 이 책에 집중했는지 느낄 수 있었다. 강사가 왜 자신의 발표를 좋아했는지도 알 수 있었다. 1권을 단숨에 다 읽은 서준은 2권을 읽기 시작했다.

뒤늦게 도서관에 다녀온 준석은 2권이 한 권도 남아 있지 않다며 툴툴거렸다. 서준은 준석에게 책을 빨리 읽고 주겠다고 건성으로 약속을 했지만 얼른 답을 찾고 싶은 마음뿐이었다.

서준은 책을 읽으며 인터넷에서 정보를 찾았다. 그리고 책에 나온 내용을 바탕으로 영웅과 반영웅을 나누는 기준을 정리했다. 일단 영웅과 반영웅 기준표에 따라 자기 컴퓨터에 깔려 있는 게임부터 다시 살펴봤다.

'어라? 〈오버워치〉의 솔저76만큼은 확실한 영웅인 줄 알았더니 반영웅이었어. 오버워치가 해체되기 전에는 마을에 동상까지 세워진 멋진 사령관이었는데, 오버워치가 해체된 뒤에는 오버워치를 해체한 측근들에게 복수하려고 어둠 속에서 가면을 쓰고 규칙까지 어기면서 활동하잖아.'

서준은 다른 게임을 살폈다.

'시간 이동을 할 수 있는 캐릭터인 트레이서는 〈오버워치〉 세계관에서 영웅이라고 불리는데 이유가 조금 부족해. 정의의 편에 서서 잘못이 있을 때마다 바로잡으려 싸운다! 꼭 문제가 생겼을 때 싸워야만 영웅일까? 그리고 트레이서는 과학자인 윈스턴이 도와주지 않았으면 영웅 짓도 못 했을 거야. 혹시 트레이서를 구해준 윈스턴이 영웅 아닐까? 돈키호테보다 알돈자가 진짜 영웅이었던 것처럼 말야.'

서준은 윈스턴이라는 과학자 고릴라 캐릭터를 더 꼼꼼하게 분석했다. 공개된 오버워치 윈스턴 스토리 마지막에는 게시판에 다음과 같은 글이 쓰여 있었다.

"오버워치가 해체되면서 윈스턴은 다시 한 번 자신이 꿈꾸는 세상에서 분리되어 은둔 생활에 들어갔다. 하지만 그는 영웅적인 삶을 살 수 있는 날이 다시 돌아오기를 애타게 바라고 있다."

이 글을 보고 서준이 한숨을 지었다.

'뭐야, 얘도 문제가 있을 때만 튀어나오잖아. 그리고 자세가 엄청 수동적이야. 심지어 오버워치 대원들을 소집하는 것도 망설였고……. 긴 은둔 생활로 오버워치 요원들과 소통하지 않아서 트레이서가 오랜만, 이라는 말까지 했어. 폐쇄적이기도 해. 심지어 이 캐릭터의 궁극기는 정신을 놓고 야만스러워지는 거야. 영웅의 조건인 규칙을 따르려고 노력하는 것과는 거리가 멀어.'

서준은 실망한 표정을 감추지 못하며 다른 게임을 더 찾아보았다. 아주 간절하게. 드디어 서준이 바라던 게임이 나왔다.

'내가 왜 이 생각을 못 했지? 영웅은 당연히 〈엘더스크롤: 오블리비언〉의 마틴 셉팀이지. 일개 사제이지만 백성들을 지키려는 긍지와 책임감으로 성당에서 남은 생존자들을 보살피고, 황제가 돼서도 자기 목숨을 희생해 세계를 구했잖아.'

서준은 신이 나서 자기 주장의 근거가 될 만한 화면을 캡처하며 자료를 정리했다.

'역시 마틴은 지금까지 내가 찾아본 캐릭터들 중에서 영웅이라고 할 만한 캐릭터가 아닐까? 복수심이나 정의감에 불타지도 않고. 그저 자기가 해야 할 일이라고 생각하고 한 일이었잖아. 심지어 그 마음에는 책임감과 긍지가 뒷받침되어 있었어. 이야기 초반에서도 마틴은 자기 행동에 충실했어. 주인공이 마틴에게 황제의 후계자가 되었다는 걸 알리고 세계를 구하기 위한 동행을 요청해도 마틴은 백성을 우선시하며 거부했어. 아빠가 말한, 영웅이 일단 소명을 거부하는 모습 그대로야. 그때 마틴은 백성과 같이 가지 않는 이상 의견을 듣지 않겠다고 말할 정도로 단호했어. 다른 사람의 이익보다는 자기 이익을 더 생각하는 반영웅과는 확실히 차이가 나.'

서준은 자기 주장에 힘을 실어 줄 게임 속 대사도 찾았다.

"크바치에서 우리가 처음 만났을 때를 기억하는가? 난 신의 계획의 일부가 되는 데 동의할 수 없다고 했지. 난 아직도 신의 계획인지 아닌지 모르겠어. 하지만 이제는 그것이 중요한 게 아니라는 사실을 알았네. 중요한 건 우리의 행동에 있네. 악과 마주했을 때, 옳다고 생각하는 대로 하는 것."

서준은 게임 속 대사를 아예 발표 준비 자료의 캐릭터 설명으로 달아 영웅으로 선정한 근거가 돋보이도록 했다.

"드디어 한 명 확보했네."

서준은 심기일전해서 게임을 분석했지만 별로 진척이 없었다.

'〈롤〉 게임에 나오는 애들은 전부 싸움에 눈먼 폭군이야. 블리자드의 게임 〈도타〉에서는 모두 다 힘은 센데 목적도 없고, 기껏 전쟁이나 하고, 파괴하는 데만 환장하고. 아이구야, 정말 영웅이 이렇게 없는 거야? 문제네, 문제.'

서준이 게임 캐릭터를 분석하다가 가슴을 손으로 툭툭 치고 있을 때, 준석은 자기 방 침대에서 벽에 다리를 올리고 발가락으로 톡톡 장난을 치고 있었다.

"역시 포기하면 마음이 편해."

말은 이렇게 했지만 솔직히 가슴 한구석이 무거웠다. 준석은 무거운 마음을 없애는 주문을 거는 심정으로 같은 말을 되풀이했다. 그러다 속이 시끄러워 자리에서 벌떡 일어나 컴퓨터로 게임을 했다. 시간이 후딱 지나갔다. 하지만 변한 것은 없었다. 다시 벌렁 침대에 누웠다. 바로 그때 카페에서 일을 마치고 돌아온 동영이 방문을 열고 들어왔다.

"준석아, 뭐 하고 있니?"

자는 척할 기회를 놓쳐 버린 준석은 자려고 한다고 둘러댔다.

"영웅 찾기는 잘되고 있어?"

"잘될 턱이 있어?"

준석은 동영의 질문에 퉁명스럽게 대답했다.

"영웅에 대해 더 알아봐야 하는데, 형이 책을 독점하고 안 보여
주고 있단 말야. 완전 짜증 나."

"물어봤더니 빨리 읽고 너한테 준다고 했다던데?"

"내 말이. 지금도 형은 그 책 들고 인터넷 하고 게임하고 난리
야. 게임하는 데 왜 그 책이 필요해? 그냥 날 방해하려는 수작이
야. 좀 나아졌나 했더니 예전 모습 그대로야. 그냥 내가 포기하는
게 마음 편해. 잘하려고 할수록 속만 상한다니까."

"아빠가 도와주면 되잖아."

"그거 반칙 아니야?"

준석의 목소리가 바뀌었다. 동영이 말했다.

"반칙 아니지. 영웅도 주변의 도움은 받아. 단, 자기 스스로의
힘으로 더 성장하는 것뿐이지."

"그럼 형이 어떤 걸 정리했는지 알아봐 줘. 힌트를 달라고 해도
치사하게 형은 아무것도 말하지 않는다니까."

동영은 하도 어이가 없어 웃음이 터져 나왔다.

"준석아, 그건 도움을 받는 게 아니라 부정을 저지르는 거잖아.
장차 동네의 정의로운 영웅을 찾는다면서 올바르지 않은 짓을 하

면 어떡하니?"

"그럼 어떻게 해? 벌써 승부가 난 것 같은 상황인데. 정상적인 방법으로는 안 된다고."

준석이 짜증 섞인 목소리로 말했다.

"영웅을 찾으려면 영웅의 특성부터 알아야겠지? 영웅의 처지에서 생각해 보면 영웅인 인간과 영웅이 아닌 인간이 더 잘 보일거야. 아빠가 영웅의 사고방식을 들여다볼 수 있는 정보를 줄 테니, 나머지는 네가 직접 찾아보렴."

"왜 나 혼자 해야 해?"

"누가 혼자 하래? 조원을 써 봐."

"나영이 누나가 어제 2권을 마저 읽고 바로 그걸 찾아보자고 했단 말야. 그러려면 나도 저 책이 필요하다고."

"그러면 나영이한테 네 사정을 말해 보기나 했어?"

"창피하게 형 얘기를 어떻게 해. 그냥 남자답게 감내하는 거지."

"이게 감내하는 거야?"

준석은 동영의 말이 더 짜증 났다. 동영은 준석을 살살 달랬다.

"너무 멋지게 하려고 들지 말고 일단 한번 해 봐. 이번 영웅 찾기가 하나의 작은 모험이라 생각하고 돈키호테의 대사처럼 나중의 결과와 상관없이 해 보는 거야."

"말은 쉽지."

"준석아, 네가 뮤지컬로 보고 감동받은 말도 실천하지 않으려면 뭣하러 공부를 하고 책을 읽고 다양한 것을 경험하려고 하지? 어차피 실천하지 않아서 너에게 도움이 되지도 않을 텐데 말야."

준석은 고개를 푹 숙였다. 그 모습을 보고 마음이 짠해진 동영이 말했다.

"아빠도 그렇게 실천하지 않고 대충 살다가 여기까지 와서 그 길이 얼마나 위험한지 알기 때문에 하는 말이야. 아빠가 도와줄게."

"그래도 엄두가 나질 않아. 머리로는 해야 한다는 것을 알지만, 어디부터 시작해야 할지 모르겠어."

"내가 예전에 말했듯이 영웅도 처음에는 자기한테 떨어진 소명을 거부해. 갖가지 이유를 대면서 말이야. 하지만 나중에는 멋지게 해내지. 네가 그렇게 할 수 있도록 아빠가 〈반지의 제왕〉의 간달프가 되어 줄게."

"싫어. 난 프로도가 되기 싫어. 더 멋진 주인공이 될 거야."

"맞아. 바로 네가 되고 싶은 주인공을 찾으면 돼. 꼭 주인공이 아니라 등장인물이라고 해도, 따라 하고 싶은 요소가 있는 역할 모델이기만 하면 돼. 우선 네가 좋아하는 게임이나 영화부터 시작해서 진짜 좋은 역할 모델인지 아닌지 따지면 되겠지."

"난 도트 게임을 좋아하는데? 영화도 신나게 반전을 만드는 슈퍼히어로급 주인공이 나오는 걸 좋아하고."

"아빠는 게임은 잘 모르지만, 네가 좋아한다면 그만큼 더 많이 알고 있는 거니까 생각만 깊게 한다면 분명히 영웅과 반영웅과 악당을 잘 구분할 수 있을 거야."

"아빠, 그런데 왜 갑자기 영웅 공부를 하고 독서 모임 회원들이랑 이런 영웅 찾기 학교까지 만들어 낸 거야?"

순간 동영은 당황했지만, 짐짓 태연한 척 애쓰면서 대답했다.

"그야 우연히 좋은 강연을 들었고, 그분이 추천한 뮤지컬이어서 봤고, 사람들이 청소년에게도 이런 교육 기회가 있었으면 좋겠다고 해서 그런 거지."

"여태까지는 아빠의 그런 모습을 한 번도 볼 수 없었는데 이상하잖아."

"일어나지 않은 것을 일어나게 하는 게 도전이잖아."

"하긴."

"자, 이제 아빠가 영웅과 반영웅을 구분할 수 있는 기준이 나온 강사님의 책을 사 줄게. 도서관에서 빌릴 생각만 하는 것도 어리석잖아."

준석은 게임에는 돈을 아끼지 않으면서 책을 살 때는 아까워하는 자기 머리를 쳤다.

"맞아. 사는 방법이 있었지?"

"절실하면 네 돈으로도 사야 하는 거야."

"맞아, 절실하긴 해. 그렇지만 일단 아빠가 도와준다고 했으니 이번에는 아빠 돈으로 사는 것을 받고, 다음에 이런 일이 생기면 내가 살게."

＊

꿈의 학교 네 번째 시간이 되었다. 영웅의 조건을 이야기하기로 한 그날도 바로 조 모임부터 시작했다. 서준은 책을 읽으며 정리한 영웅 기준표를 조원들과 나눠 가졌다. 준완은 도서관에서 빌린 책의 일부분을 조원들에게 나눠 주려고 복사해 왔다. 조원들은 서준이 정리한 내용과 복사물을 두 손에 들고 행복해했다. 다들 역시 조장을 잘 뽑았다며 좋아했다. 그런 반응에 서준은 기뻤다. 그리고 더 큰 책임감을 느꼈다.

서준이 준비한 것을 바탕으로 조에서 토론을 거쳐 최종적으로 정리한 영웅의 기준은 다음과 같았다.

1 영웅은 다른 사람의 도움을 받더라도 결국 스스로의 힘으로 새로운 자기를 완성한다.

2 영웅은 일상적인 평범함과, 위기에 빠졌을 때 툭 치고 나아가는 특별함을 동시에 지니고 있다.

3 영웅은 모험을 겪으면서 새로운 교훈을 얻고 더 행복한 길로 나아간다.

4 영웅은 처음 의도부터 정의로운 일을 생각한다.

5 영웅은 보통 사람들은 두려워 뒤로 물러설 임무를 맡아야 할 상황에서 잠시 머뭇거리고 거부하지만 끝내 목숨을 다 바칠 기세로 달려든다.

6 영웅은 사회적 규칙을 따르려 노력하고, 착하고 평화로운 것을 좋아한다.

7 영웅은 역경에 신경 쓰기보다는 이상을 향해 나아간다.

영웅의 기준을 정리하는 것은 어렵지 않았다. 그런데 반영웅의 기준을 정리하는 데는 시간이 많이 걸렸다. 태희가 주도해 책에 나온 내용을 바탕으로 반영웅의 기준을 정리해 나갔다. 토론할 때 서준이 주로 반대 의견을 내서 더욱 열띤 토론이 이뤄졌다. 그리하여 드디어 반영웅의 기준을 다음과 같이 정리해 냈다.

1 반영웅은 다른 사람의 도움은 최소한으로 받고 자기 힘으로 모든 것을 해결하려고 한다.

2 반영웅은 평범함보다는 아주 특출한 능력이나 장점을 지니고 있다.

3 반영웅은 모험을 겪기 전이나 후나 자기 생각을 별로 바꾸지 않는다.

4 반영웅은 사회 정의나 다른 사람의 이익보다는 자신의 이익이나 복수에 더 많은 관심을 쏟는다.

5 반영웅은 자신의 결핍된 부분을 채우려고 일을 무리하게 벌인다.

6 반영웅은 착하고 평화로운 것보다는 자극적이고 잔인한 것을 좋아한다.

7 반영웅은 이상보다 현실의 문제에 더 많이 신경을 쓴다.

"이렇게 써 놓고 보니 더 구별하기 힘든 항목이 있는데?"

서준이 한숨을 내쉬며 말하자 태희가 대답했다.

"오빠, 모든 항목을 다 갖춰야 영웅이나 반영웅인 것도 아니고, 모든 항목에서 반영웅과 영웅이 확실하게 차이 나는 것은 아니라고 책에 쓰여 있잖아. 그래도 처음 두 개만 빼고 세 번째부터는 완전히 다르네. 모험을 겪고 나서 귀환하면 그전과는 다른 사람이 되는 게 영웅이라고 지난번에 오빠가 발표했잖아. 오빠가 알고 있던 내용을 정리한 건데 뭘 그래."

어느덧 익숙해진 오빠 소리이지만, 지금처럼 힘들 때 듣는 오빠 소리에는 이상하게 가슴이 더 두근거렸다. 태희가 이렇게 말하기 전까지.

"그리고 영웅은 자기 이익이나 복수에 민감하지 않잖아. 자기의 헛점을 덮으려 하거나 무리하게 멋져 보이려 이상한 일을 벌이

지도 않고. 얼마나 다른데."

복수, 무리하게 멋져 보이려고 한다는 말에 서준은 식은땀이 났다. 그때 준완이 끼어들었다.

"자, 자, 오늘은 이 기준표를 돈키호테에게 적용해 볼까요?"

조원들은 돈키호테에게 해당하는 항목에 표시를 해 봤다. 영웅의 기준은 두 개 정도만 해당하고, 그보다 더 많은 요소가 확실히 반영웅의 기준에 해당했다.

※

강사가 가까이 갔을 때 준석네 조에서는 한창 토론이 벌어지고 있었다. 나영이 이야기를 했다.

"요즘 청소년들이 좋아하는 블록버스터 〈어벤져스〉 시리즈에 나오는 로키를 예로 들어 볼게요. 로키는 북유럽 신화에 나오는 꾀와 속임수의 신이죠. 라그나로크를 일으켜 신들과 세상을 멸망시키는 주범이기도 하고요. 오딘의 의형제라는 설도 있고, 〈어벤져스〉의 설정처럼 오딘의 아들이라고도 해요. 여신은 다 건드려 본 바람둥이에다 속임수와 배신으로 형제인 토르마저 위험에 빠뜨리고, 다른 신들을 욕하는 등 반사회적인 신이라고 강사님 책에서도 소개하고 있어요. 그런데도 인기가 좋아요. 배우가 연기를 워낙 매력적으로 잘하기도 했지만, 예전 같으면 인기를 끌기보다는 욕을 먹을 캐릭터였지요. 〈배트맨〉에서 조커도 마찬가지였어요."

"왜 이런 현상이 생겼을까요?"

준석이 물었다. 진짜 잘 몰라서 물어보는 느낌이 물씬 풍기도록 일부러 고개를 갸웃거리며 궁금한 표정까지 지었다.

"그야 세상이 정의롭지 못하다고 생각하니 개인적으로 정의를 지키면 오히려 손해라는 생각이 퍼졌기 때문이지요."

나영의 말을 듣고 강사는 자기도 모르게 "오호!" 하는 소리를 냈다. 조원들의 시선이 집중되자 강사는 웃으며 자리를 떴다. 나영은 자기가 읽은 책의 내용을 머릿속으로 떠올리며 이야기를 이어 갔다.

"그런데 대부분은 처벌이 두려워 규칙을 따릅니다. 하지만 요즘 나오는 슈퍼히어로와 악당들은 다르지요. 보통 사람들 같으면 비인간적이다 또는 너무 심하다 생각해서 억제하는 선을 확 넘어선 행동을 해요. 욕심이건 질투건 분노건 비인간적이다 싶을 수준까지. 아니, 그 경계를 훨씬 넘어선 모습까지 보여 주지요. 사람들은 사회적으로 금지된 일을 악당 또는 악당과 다름없는 주인공이 대신 해 주는 모습을 보면서 스트레스를 푸는 것입니다."

그때 준용이 질문했다.

"악당 같은 것이 매력이라……. 사실 사람들은 현실에서는 악당을 두려워하잖아요? 그래서 영웅이 악당을 무찌르는 장면을 보면 좋아하는 거 아닌가요?"

나영은 이 질문에 대답하지 못했다. 책에서 다루지 않은 내용이었다. 나영이 강사에게 가서 직접 물어보자 강사는 나영에게 자리에 가 있으라 말하고는 마이크를 잡았다.

"조금 전에 한 학생이 질문을 했어요. 다 같이 알아 두면 나중에 영웅과 반영웅을 구별하는 데 도움이 되겠다 싶어 공개적으로 답

변하려고 합니다. 잠시 토론을 멈추고 집중해 주시겠어요."

실내가 조용해지자 강사가 질문의 배경을 설명하고 답변해 주었다.

"이쯤에서 질문해 볼게요. 착한 사람이나 악한 사람 모두 공통으로 두려워하는 존재가 있어요. 그게 누구일까요?"

모두들 생각에 잠겨 아무 말도 하지 않았다. 준석이 조심스럽게 입을 열었다.

"영웅? …… 아니다. 착한 사람이 두려워할 필요가 없지. 가장 힘센 사람 아닐까? 아니다. 이것도 착한 사람이 두려워할 필요가 없네. 그럼 신?"

"착한 사람이 신을 두려워할까요? 인간 중에서 골라 봐요."

서준은 영화에서 본 멋진 인물들을 떠올려 봤다. 하지만 악당은 슈퍼히어로를 두려워해도 착한 사람은 두려워할 필요가 없다는 면에서 어떤 답도 찾을 수 없었다. 다른 사람들도 쉽게 대답하지 못했다.

그러자 강사가 말했다.

"그건 바로 '다른 사람'이에요."

"엥? 착한 사람이 왜 다른 사람을 무서워해?"

준석이 코맹맹이 소리로 삐죽거리며 말하자 사람들이 웃었다. 오직 강사만 심각했다. 강사는 준석에게 시선을 고정하고 한 걸음씩 다가가며 말했다.

"그 사람이 진짜 좋은 사람인지 나쁜 사람인지 모르니까. 다른 사람, 즉 타자는 지옥이라는 말도 그래서 있는 거예요. 다른 사람은 우리가 그 속을 완벽하게 다 알 수 없는 존재이기 때문에 어떤 위험성을 안고 있다고 여겨 웬만해서는 거부하게 되거든요. 그리고 거부하는 이유가 그냥 다른 사람이어서라고 하면 모자라 보이니까, 그 다른 사람이 나와는 달리 더 탐욕스럽거나 부도덕하다고 생각함으로써 부담감을 회피하는 거예요. 그렇게 다른 사람에 대한 마음이 쌓여 극단적으로 악당의 형태가 나타나는 거지요."

맨 앞에 앉아 있던 김성학이 강사의 말을 거들었다.

"그래서 우리나라 사람들이 북한을 대할 때처럼, 적대적인 국가의 사람들을 어떤 때는 그들이 미개해서 위험하다고 하다가, 어떤 때는 너무 잔인해서 위험하다고 하고, 또 어떤 때는 똑똑해서, 혹은 너무 강해서라는 등 갖가지 이유로 위험하다고 하는 건가요?"

"맞아요. 성적 소수자를 특별히 더 성격적으로 결함이 있는 사람으로 만드는 것도 그런 이유에서죠. 일상에서 미워하고 싶은 사람들을 식인종, 야만인, 악마, 흡혈귀에 비유하는 것도 이런 이유 때문이에요."

"그럼 결국 악당은 악당이 아닐 수도 있겠네요?"

태희가 말했다. 그 말을 듣고 나영이 다시 물었다.

"잠깐만요. 사람들이 왜 악당을 좋아하게 됐는지 물어봤는데, 어쩌다가 사람이 사람을 두려워하는 이야기로 바뀐 거지요?"

강사가 현수막에 적힌 '영웅'이라는 단어를 손가락으로 가리키며 답했다.

"우리가 자기 자신의 기준으로 다른 사람을 판단한다는 점을

강조하려다 보니 여기까지 흘러왔어요. 즉 우리가 나쁘게 판단한 사람이 사실은 선한 사람일 수 있고, 위기의 순간에서는 용기를 내는 영웅일 수도 있는 거예요. 북한의 영웅이 우리에게는 천하에 못된 악당일 수 있어요."

"사람마다 상황마다 기준이 다르다는 것은 이해했어요. 그런데 그렇게 다양한 사람들 중 많은 사람들이 저마다의 기준이 아니라 악당마저도 공통적으로 좋게 보는 이유가 뭐냐는 거지요."

"그건 우리가 다른 사람과 친밀하게 지내지 못하는 현대인이라서 그렇습니다. 도시뿐 아니라 요즘은 이런 시골에서도 이웃이 누구인지 서로 모릅니다. 그래서 낯선 것은 일단 경계합니다. 착한 사람조차도 상대방을 알지 못하니 두려워하지요."

강사의 설명이 처음에 말한 내용과 이어지자 여태까지 비판적이었던 나영의 표정이 누그러졌다.

"다른 사람을 두려워하면 그 사람의 행동에 예민하게 반응하게 됩니다. 여러분도 친한 친구가 행동할 때보다 낯선 사람이 움직일 때 더 예민해질 거예요."

사람들은 고개를 끄덕였다.

"그리고 거꾸로 낯선 사람이 저를 두려워하며 예민하게 반응할 때 우리는 힘들어합니다. 나 그런 사람 아닌데, 하면서요. 그래서 때로 낯선 사람이 조금 거칠게 행동하거나 조금 실수하면 큰 잘못을 저지른 사람인 것처럼 소문을 내기도 합니다."

강사가 서준을 바라보자 서준은 그 시선을 피했다.

"SNS에 사건을 과장해서 연예인을 비난하는 일부 사람들처럼 말입니다."

강사의 그 말에 서준은 한숨 같은 헛웃음을 지었다.

"그러니까 현대인들은 이래저래 타인이 불편합니다. 특히 어떤 문제가 생겼을 때 자기를 악당으로 모는 사람에게는 분노를 느끼고 억울해하지요. 그래서 그 분노를 화끈하게 처리해 주는 반영웅이나 악당에게 마음을 빼앗기는 겁니다. 악당은 자기에게 나쁜 말을 하는 상대방을 그냥 내버려 두지 않습니다. 철저히 응징하지요. 시원하게."

여기저기에서 "아하!" 소리가 터져 나왔다.

"그래도 악당은 이성적으로 너무 나쁜 사람이니까 마음을 빼앗기는 정도가 덜하지만, 반영웅은 멋진 주인공 모습을 하고 있으니 감정을 이입해서 마음을 더 많이 빼앗기게 되지요. 요즘 〈아이언맨〉이나 〈데드풀〉 같은 삐딱한 슈퍼히어로물이 인기를 끄는 것도 이런 이유 때문입니다."

서준은 진심으로 강사의 말에 공감했다. 반영웅의 기준을 정리하면서 끝까지 찝찝했던 점이 무엇인지 비로소 이해되었다. 준석도 강사의 말을 들으며 꼼꼼하게 필기했다.

"돈을 많이 번 사람, 대통령까지 하게 된 사람, 텔레비전에 자주 출연하는 사람 등등이 성공한 사람이긴 합니다. 그래서 부러워할 때도 있지요. 하지만 그들을 영웅이라고 생각해야 하는지, 반영웅이라고 생각해야 하는지, 악당이라고 생각해야 하는지는 정확히 선을 그어야 합니다. 여러분은 여러분이 좋아하는 사람에 가깝게 변할 테니까요. 그래서 이런 영웅 찾기 학교도 열게 된 것입니다."

강사는 영웅의 조건에 대한 토론을 마무리하고 발표를 시켰다. 모두들 멋진 것은 영웅으로, 나쁜 것은 악당으로 구분했다. 그러나 반영웅에 대해서는 거의 손도 대지 못했다. 그래서인지 서준이 발표하자 다들 깜짝 놀랐다. 영웅과 반영웅을 항목별로 구분해서 훨씬 이해하기 쉽다고 했다. 더구나 강사가 하도 칭찬을 하는 바람에 서준은 자기가 책을 미리 보고 정리한 것이 부정행위 같아서 살짝 부끄러워졌다. 어른들은 서준이 첫인상과 달리 참 실력 있고 겸손하다며 한마디씩 칭찬을 건넸다.

한바탕 칭찬 폭풍이 지나간 뒤에 강사가 말했다.

"지금 여러분이 발표하신 것 말고도, 여러 학자들이 영웅에 대해서 많이 분류해 놓았습니다."

그 분류는 서준이 책에서 본 내용이었다.

9

멋없는 영웅은 나쁜 것 아닐까?

강사는 국내 연구자 중 조동일이 제안한 영웅 분류 자료를 화면에 띄웠다.

"조동일은 영웅을 상층 영웅과 민중 영웅으로 분류했어요. 상층 영웅은 고귀한 혈통을 안고 태어나 성공하는 사람이지요. 대표적인 인물이 고구려를 세운 주몽입니다. 민중 영웅은 이와 정반대인 사람입니다. 즉 미천한 혈통으로 태어나 비참한 최후를 맞이하지요. 대표적인 인물이 후고구려의 궁예입니다."

역사 시간에 배우기도 했고 드라마에서도 다룬 인물들이라 모두 설명을 잘 이해했다.

"학교 수업 시간에 고조선부터 시작해서 각 나라의 건국 신화를 통해 여러 영웅을 배웠을 거예요, 민중 영웅으로는 홍길동 같은 인물이 있지요. 다만 상층 영웅과 민중 영웅을 잘 구별하려면 더 꼼꼼하게 살펴봐야 그 특징이 보입니다. 오늘은 주몽과 궁예를 비교해서 설명하겠습니다."

진행팀 사람들도 서양 사례 위주의 지난번 강연 때는 듣지 못한 내용이라 강사의 이야기에 귀를 기울였다.

"유화는 햇빛을 품고 임신한 뒤 왼쪽 겨드랑이로 알을 낳았는 데 거기에서 주몽이 태어났습니다. 궁예도 태어날 때 흰빛이 무지 개처럼 하늘로 뻗었으며 벌써 이가 나 있었다는 전설이 있을 정도 로 둘 다 시작부터 남달랐던 것은 똑같습니다."

"어떻게요?"

"주몽은 알에서 태어난 데다 탁월한 능력의 소유자여서 일찍 도모하지 않으면 후환이 있으리라는 우려 때문에 버림받았죠. 궁 예는 장차 국가에 불리하리라고 여긴 부왕이 그를 죽이라는 명령 을 내려 강보에 싸인 궁예를 신하들이 누각 아래로 떨어뜨렸습니 다. 주몽이나 궁예 모두 다 비범한 출생의 비밀과 탁월한 능력을 지닌 것, 위기를 겪고 모험을 하게 되는 것은 똑같아 보이지요. 그 런데 잘 살펴보면 첫 시작인 혈통과 끝의 결과가 완전히 다릅니 다. 주몽은 천신과 수신의 자손이지만, 궁예는 아버지는 통일 신 라의 왕이고 어머니는 왕의 첩 가운데 하나였지요."

"결국 영웅도 혈통부터 금수저를 확실히 물고 태어나야 성공할 수 있단 말이네요."

준석은 한숨 지으며 혼잣말처럼 말했다. 그러자 강사가 설명을 덧붙였다.

"꼭 그렇지만은 않아요. 주몽을 버린 동부여의 금와왕은 친아버지가 아니라 의붓아버지였습니다. 그래서 자기 권력을 위협하는 주몽을 죽이려고 한 거예요. 즉 주몽이 확실한 금수저를 물고 태어났다고 말하기는 힘들지요. 주몽이 성공할 수 있었던 이유는 그런 의붓아버지가 빠뜨린 위기에서 구해 주는 조력자가 있었기 때문입니다. 자기보다 힘센 왕과 맞붙을 수밖에 없는 동부여를 떠나 새로운 땅으로 와서 동료들과 함께 새로운 나라를 세우는 현명함도 갖춘 덕분이고요. 이게 바로 성공한 영웅적 행동의 특징이라고 할 수 있지요. 반대로 궁예에게는 위기 때 도와주는 진정한 조력자나 동료가 별로 없었고, 더 넓은 시야에서 바라보고 일을 벌이는 현명함도 부족했습니다."

김성학이 흥미를 고조시키려고 이야기 중간에 끼어들었다.

"궁예가 실패했다고 해서 영웅이 아닌 것은 아니잖아요? 민중 영웅도 엄연한 영웅 아닌가요?"

정연우도 맞장구를 쳤다.

"맞아요. 결과와 상관없이 자신의 불행한 운명과 맞서 싸운 것만으로도 일단은 영웅다운 도전이었다고 생각해요. 요즘 인기 있는 스포츠 영웅들도 금수저를 물고 태어나 금메달 따고 잘하는 사람보다는 가난이나 장애나 편견을 꿋꿋이 이겨 낸 사람이 더 영웅 대접을 받지 않습니까? 예술 분야에서도 그렇고요."

서준과 준석은 여러 스포츠 스타와 음악가, 미술가 등을 생각하며 고개를 끄덕였다.

강사가 진지한 표정으로 말을 받았다.

"맞습니다. 그런데 여러분은 영웅이라는 말을 들으면 궁예 같은 인물을 떠올리나요?"

사람들은 대답 대신 웃기만 했다.

"요즘 사람들은 궁예 같은 인물보다는 가난한 환경을 이겨 낸 스포츠 영웅이나 미담 속의 주인공들을 더 좋아합니다. 그런데 그 중에는 나중에 국가적인 비리에 휘말리는 올림픽 메달리스트라든가 승부 조작, 약물 복용 같은 부정행위를 하는 인물들도 있다는 것이 문제입니다. 애초에 진짜 영웅을 제대로 구별하지 못하니까 그런 사람들에게 마음을 빼앗기는 거예요. 일시적으로 성공했을 뿐인 가짜들에게 사람들이 관심과 애정을 보내니 가짜들은 더욱더 자신감을 얻게 됩니다. 그리고 제멋대로 행동하다가 결국 더 나쁜 방향으로 가게 되지요. 이처럼 가짜 영웅에게 관심을 기울이는 것은 자기도 모르게 나쁜 짓을 부추기는 것입니다."

여기저기에서 한숨이 흘러나왔다.

"이건 뭐 게임 치트키 써서 확 바꾸듯이 세상을 다 뜯어고칠 수도 없고."

준석이 한숨을 폭 내쉬며 말했다. 그 말을 듣고 강사가 웃으며 말했다.

"가짜 영웅에 마음이 흔들리지 않고 진짜 영웅을 구별할 줄 아는 사람만 늘어나도 세상은 금방 바뀔 거예요."

강사는 중학교 국어 교과서에도 실려 있는 아기장수 설화를 읽고 아기장수가 영웅인지 아닌지부터 알아보자고 말했다. 아기장수 설화를 복사한 종이가 각 조에 나눠지고, 대표로 조장들이 차례대로 마이크에 대고 읽었다. 다 읽고 나자 강사는 전설의 특성상 아기장수 설화에도 조금씩 다른 줄거리가 여럿 있지만 가장 널리 알려진 지리산 이야기로 골랐다고 설명했다.

"자, 이제 아까 마련한 영웅의 기준에 따라 이 이야기를 살펴보고, 기준을 더 바꿀 부분이 있으면 바꿔서 발표하시면 됩니다."

"그런데 혹시 아기장수가 영웅이 아예 아닌 건 아니에요?"

"그렇다면 완전 멋진 반전인데요? 그런데 사실은 영웅이에요."

"이렇게 멋없는 영웅이 어디 있어요?"

"그러니 잘 찾으셔야 해요. 멋이 없어도 영웅이고, 멋있어도 반영웅은 반영웅이니까요."

강사의 말에 사람들이 구시렁거렸다. 아기장수에게서는 영웅의 기준이 잘 보이지 않았기 때문이다.

태희는 조별 토론 시간이 시작되자마자 설화를 천천히 다시 읽었다.

"지리산에 살던 가난한 부부에게 아이가 태어났어요. 그런데 어떤 방법을 써도 탯줄이 잘리지 않았어요. 그러다가 억새풀을 베어다 탯줄을 치니 그제야 잘렸습니다."

"처음부터 신비한 탄생이지만, 소품이 참 소박하네요. 억새풀이라니."

준완이 앵커맨이라기보다는 탐정이라도 된 듯한 표정으로 말했다. 태희는 계속 읽어 나갔다.

"부부는 아기 이름을 우투리라 지었습니다. 우투리는 아기 때부터 남달랐어요. 방에다 잠깐 눕혀 놓고 나갔다 오면 높은 시렁이나 장롱 위에 올라가 있었지요. 이를 이상하게 여긴 부모가 몰래 아이를 관찰했습니다. 그랬더니 겨드랑이에 붙은 조그마한 날개로 우투리가 날아다니는 거예요. 그 모습을 본 부모는 아주 심각하게 걱정하기 시작했지요."

"왜 걱정했을까요? 남다른 능력이 있는 것은 좋은 일 아닌가요?"

준완이 묻자 태희가 잠시 생각을 정리하고 대답했다.

"겨드랑이에 날개가 난 아이는 장차 영웅이 될 거라는 이야기잖아요. 그런데 신분이 천한 집에서 영웅이 태어난 걸 높으신 양반들이 알면 훗날 자기들한테 대항할까 두려워해서 미리 죽여 버릴 거라고 생각했기 때문이지요. 우투리 부모는 권력을 쥐고 있는 사람들에게 맞서 아기를 지킬 힘이 없으니까요."

조원들은 힘없는 부모로서는 그럴 수도 있겠다며 고개를 끄덕였다.

"자, 다음 이야기로 넘어갈게요. 부모는 우투리를 데리고 지리산 깊은 곳으로 숨어들어 갑니다. 하지만 그새 소문이 돌아 지체 높으신 분들의 귀에까지 우투리 이야기가 들어갔지요. 마침내 임금이 군사를 풀어 우투리를 잡으려고 합니다. 우투리는 그런 낌새를 눈치채고 감쪽같이 사라졌어요. 그러자 임금의 명령을 받은 장수는 우투리의 부모를 잡아 고문합니다. 물론 부모는 우투리의 행방을 정말 몰랐기에 아무리 고문해도 말할 것이 없었습니다. 며칠 뒤 풀려난 부모가 집으로 돌아오니, 우투리가 눈물을 흘리며 기다리고 있었습니다."

서준은 아까 돌아가며 읽느라 제대로 음미하지 못했던 대목을 다시 들으며 텔레비전 사극에서 본 여러 장면을 조합하여 상황을 상상했다. 덕분에 우투리와 그 부모의 모습이 눈앞에 생생하게 보이는 듯했다.

"우투리는 콩 한 말을 가져와 어머니에게 볶아 달라고 했습니다. 어머니는 콩을 볶다가 한 알이 톡 튀어나오는 것을 보고 하도 배가 고파 그걸 주워 먹었습니다. 우투리는 볶은 콩으로 갑옷을 만들었는데, 어머니가 주워 먹은 딱 한 알이 모자라서 왼쪽 겨드랑이 날갯죽지 아래를 가리지 못하게 됩니다."

"어, 이 부분은 발뒤꿈치를 잡힌 채 신비의 물에 몸을 담가 약점이 생긴 아킬레우스 신화와 비슷한데?"

서준의 지적에 태희가 말했다.

"비슷한 점도 있지요. 그렇지만 잘 보면 완전히 차이가 나요. 우투리의 어머니는 당시 대부분의 백성들처럼 배고픔을 이기지 못해서 콩을 주워 먹은 거예요. 신분도 천하고, 화려한 명성이나 성공보다는 일단 생존을 위해 움직이는 것이 더 익숙한 사람이지요. 그런 사람이 콩을 주워 먹은 것을 개인적인 부주의함이니 욕심이니 하며 잘못이라고 말하기는 힘들다고 봐요."

"맞아."

어머니라는 말에 힘이 났는지 박미숙이 오랜만에 대화에 끼어들었다. 태희가 말했다.

"이에 반해 아킬레우스의 어머니는 제우스와 포세이돈 등 남신들이 앞다투어 구혼할 만큼 아름다운 바다의 요정 테티스입니다. 테티스는 아킬레우스가 갓난아기일 때 저승의 스틱스 강에 담가 상처를 입지 않는 무적의 몸으로 만들었습니다. 그런데 발목 부분이 강물에 닿지 않은 것을 살피지 않았기 때문에, 즉 부주의했기 때문에 아들의 약점을 만든 거지요."

서준은 고개를 끄덕였다.

"어쨌든 갑옷을 입은 우투리는 어머니에게 이렇게 말합니다. '조금 있으면 군사들이 다시 몰려올 것입니다. 혹시 내가 싸우다 죽거든 뒷산 바위 밑에 묻어 주되, 좁쌀 서 되, 콩 서 되, 팥 서 되를 같이 묻어 주세요. 그리고 3년 동안은 내가 묻힌 곳을 아무에게도 가르쳐 주지 마세요. 그러면 3년 뒤에는 나를 다시 만날 수 있을 거예요.'라고요."

"갑옷도 쇠가 아니라 먹을 것으로 만들고, 죽은 뒤에 함께 묻힐 것도 무기가 아니라 농작물이네요. 농경 문화의 영향이 영웅 설화에 반영된 걸까요?"

준완이 이렇게 물었지만 확실하게 대답해 주는 사람이 없었다. 그러자 태희가 대답했다.

"맞아요. 그런 면도 있을 것 같아요. 게다가 우투리는 주몽이나 궁예처럼 어떤 식으로든 왕가의 피를 받아서 태어난 영웅이 아니라 여느 백성과 다름없는 집안 출신이니, 이런 면이 더 강조되었을 수 있어요."

"마지막을 보면 우투리의 영웅성을 더 잘 찾을 수 있을 것 같은데, 좀 더 읽어 봐요."

그동안 잠자코 듣고만 있던 예슬이 말했다.

"네. 군사들이 쳐들어오자 우투리가 앞장서서 싸웁니다. 군사들이 활을 쏴도 콩 갑옷에 맞아 부러졌지요. 그런데 우투리가 왼팔을 들었을 때 화살 하나가 날아와 하필이면 콩알이 부족한 부분을 맞히는 바람에 우투리는 죽고 맙니다. 우투리의 부모는 우투리의 말대로 곡식을 준비해 뒷산 바위 밑에 묻어 주었죠."

"참 허망하네."

박미숙의 말에 태희가 웃으며 말했다.

"아니, 아직 이야기가 더 남았어요."

"아까 잠깐 다른 생각을 하느라 마지막 부분을 못 들었어."

민망했는지 박미숙이 덧붙였다.

"몇 년 뒤 백성들 사이에서는 우투리가 여전히 살아 있다는 소문이 돌았습니다. 그 소문을 임금도 듣고는 직접 군사를 거느려 지리산으로 쳐들어갔습니다. 그리고 우투리의 부모를 잡아들여 우투리를 묻은 곳을 밝히라고 협박하자, 결국 어머니가 실토하고 말았지요. 임금은 뒷산으로 가서 바위 밑을 파 보지만 아무리 파도 아무것도 나오지 않았습니다. 그러자 바위 속에 뭐가 있겠거니 싶어 바위를 열어 보려고 합니다."

"아이고, 저런!"

"그런데 바위를 열 방법이 없자, 우투리를 낳을 때 뭐 이상한 일은 없었느냐고 우투리의 부모를 협박합니다. 그러자 이번에도 우투리의 어머니가 비밀을 알려 줍니다. 임금이 다시 뒷산으로 가 억새풀로 바위를 치자 바위가 갈라지면서 속을 들여다볼 수 있게 되었습니다. 그 안을 보니 우투리를 묻을 때 같이 묻은 곡식들이 병사가 되고 말이 되고 무기가 되어 있었습니다. 그런데 바위가

열린 틈으로 바람이 들어가자 그 많은 우투리의 병사들이 눈 녹듯이 사라졌고, 우투리도 같이 사라져 버렸습니다. 그날은 우투리가 약속한 3년에서 딱 하루가 모자라는 날이었습니다. 이야기는 이렇게 끝납니다."

"이건 어머니가 아니라 거의 첩자 수준이네? 왜 그렇게 쉽게 말해 주지? 자기 자식인데. 나도 엄마지만 도저히 이해할 수가 없어."

"중학교 때 수업 시간에도 우투리 어머니의 행동에 많이 분노하고 그랬어요."

태희가 공감을 기대하는 눈길로 서준을 바라보았다. 하지만 공부에 별로 관심이 없던 서준은 기억나는 게 없었다. 대신 박미숙이 적극적으로 공감을 표시하며 못마땅하다는 얼굴로 말했다.

"암만 그래도 나는 이런 어머니가 있다는 게 믿기지를 않아."

"그때도 아이들이 그런 질문을 하니까 선생님이 대답해 주신 게 기억나요."

"뭐라고 대답하셨는데?"

"이상적으로는 부모가 아이를 끝까지 보호해야 하지요. 그런데 현실에서는 그러지 않는 부모도 있잖아요. 그리고 이게 사람들 입에서 입으로 전해진 전설이라는 점을 생각해야 해요. 그 사람들이 현실적으로 그럴 만하다고 생각하는 요소가 이야기에 반영되어 있을 거라는 사실도 무시하면 안 된다고요."

"어떤 요소?"

"번번이 권력자에게 가혹하게 당해 온 백성이었던 어머니 처지에서는 현실적으로 영웅의 어머니처럼 당당하기가 힘들었을 수도 있어요. 백성들은 불의를 참지 못해 반항해서 뭔가를 쟁취하려 하기보다는 권력자의 자비로운 처분을 구걸하는 데 더 익숙했죠. 대부분 자기 팔자를 탓하며 묵묵히 살거나, 참다못해 민란을 일으키고서도 왕이 보낸 사람은 극진히 대접하는 경우가 많았대요."

태희는 박미숙을 보며 이야기를 이어 나갔다.

"우투리 어머니는 백성들의 그런 모습을 상징하는 것이라고도 할 수 있어요. 이야기를 옮기는 사람들도 그런 일반적인 모습에 일단은 공감했을 테고요. 그것이 결코 올바르지 않다 해도 현실적이라고 말이죠."

"하지만 우리 역사를 보면 부당한 권력에 대항해서 백성들이 들고일어난 사례들이 있잖아요?"

서준이 불쑥 말했다.

"예를 들면 어떤 거요?"

태희의 역질문에 서준은 그동안 역사 공부를 게을리한 것을 후회했다. 태희가 '홍경래의 난'이라든지 '동학 농민 운동', '3·1 만세 운동' 등을 이야기할 때 고개를 끄덕이기만 했다.

"맞아요. 생각해 보니 지금 우리가 다루는 우투리도 그랬어요. 부당한 권력에 그냥 당하고만 있지 않고 들고일어났지요. 이게 가장 확실한 영웅성일 것 같아요."

"그렇지만 자기 어머니 같은 백성들을 변화시키지 못한 한계도 있는 거잖아요. 자기는 움직였지만 다른 사람들까지 변화시키지는 못했어요. 그러니 대단한 영웅이라고 말하기는 힘들어요. 결과가 좋아야지요."

준완이 말하자, 그 말에 태희가 발끈하고 나섰다.

"결과만 좋으면 되는 건가요? 영웅은 의도부터 달랐잖아요. 반영웅은 자기 이익이나 복수를 좇다가 우연히 남들에게도 좋은 것을 가져다주지만, 영웅은 애초 출발부터 선의로 가득 차 있어요."

"맞아요, 누나. 진짜 영웅이면 남다른 선한 의도에 남다른 능력까지 있으니까 남다른 결과를 얻어야 한다는 말이에요. 그렇지 않으면 영웅이 아니라 그냥 실패자일 뿐이라고요."

그러자 태희가 목소리를 높였다.

"그럼 독립운동에 참여했던 사람들은 다 뭔가요? 윤봉길 의사는 항일 투쟁을 했어도 살아생전에 독립을 보지 못했으니 실패자라는 거예요?"

"아…… 그건 예외고요."

"그러면, 독재를 하고 많은 사람들을 괴롭히고 부정부패를 저질렀지만 경제는 발전시킨 사람은 성공한 영웅인가요?"

"아니…… 그건 절대 아니지요."

"그럼 뭐예요?"

평소와는 달리 치열한 태희의 반박에 준완은 궁지에 몰려 귀까지 빨개졌다. 서준은 준완을 위해서가 아니라 태희를 위해서 어떻게든 대화에 끼고 싶었다.

그때 예슬이 먼저 입을 열었다.

"제 생각에는 이 설화가 그냥 있는 그대로 보여 주는 것 같아요. 텔레비전에서 어느 정치인이 말하는 것을 들었는데, 일제 강점기에 누구나 다 독립운동을 한 건 아니라는 거예요. 누구는 오히려 이때다 하면서 나쁜 짓을 더 많이 했대요. 실제로 그 시절이 자기 조상이 잘살아서 좋았던 때라고 말하는 어른들도 있어요. 아빠가 이 동네 토박이인데, 이 동네에서도 일제 강점기에 잘살았던 집안이 여전히 잘살고 있대요."

"그래서?"

흥분을 가라앉히는 태희를 대신해서 서준이 물었다. 그러자 준완이 끼어들며 답했다.

"그러니까 우투리 이야기에도 반항하는 영웅과 순종하는 백성의 모습이 같이 나올 수밖에 없다는 거죠. 우리가 사는 세상이 오래전부터 그랬으니까요."

가장 나이 많은 박미숙이 부끄러워 고개를 못 들겠다고 말했다. 마음 아프지만 서준도 인정할 수밖에 없었다. 서준이 준완의 말을 받아 정리했다.

"네 말은, 자기들 안에서 영웅이 등장하기를 기다리는 백성도 있고, 그런 영웅이 나오면 세상이 혼란스러워질까 봐 불안해하는 백성도 있다는 거구나. 그래서 그 영웅이 아무리 자기 아들이라도 말리는 경우가 생길 수 있고. 우투리 엄마처럼……."

말을 마친 서준은 박미숙에게 질문을 던졌다.

"아까 부끄럽다면서 우투리의 부모를 이해할 수 없다고 하셨는데, 만약 아주머니 자녀들이 비극적인 결과를 얻을 수도 있지만 사회에 필요한 영웅이 되겠다고 하면 말리지 않으실 건가요?"

박미숙은 뭔가 말하려다 말고, 또 그러다가 말고를 반복했다. 자기 안에서 여러 마음과 싸우는 것 같아 보였다.

한편 서준은 우투리의 영웅적인 요소를 정리하면서 자기가 작성했던 영웅의 기준을 조금씩 바꾸어 더 자세히 적었다.

1 영웅은 다른 사람의 도움을 받더라도 결국 스스로의 힘으로 새로운 자기를 완성한다. 우투리 어머니 같은 주변의 반대와 방해가 있어도 자기를 완성해 낸다.

2 영웅은 출생의 평범함과 비범한 능력을 동시에 지니고 있다.

3 영웅은 권력욕 때문에 사람들을 모으는 것이 아니라 처음부터 정의로운 일을 생각한다.

4 영웅은 자기가 도와주는 사람에게 배신당할 수도 있고(예: 슈퍼맨), 가까운 사람에게 배신당해 잠시 뒤로 물러설 수는 있어도(예: 스파이더맨) 자기 주변 사람들을 돕기 위해 자신의 생명까지 바칠 기세로 달려든다.

5 영웅은 역경에 신경 쓰기보다는 이상을 향해 계속 나아간다.

10

나는 내 삶의 주인공일까?

이번 발표에서는 서준네 조가 최고 점수를 받았다. 그리고 『영웅의 심리학』 1권에 대한 나영네 조의 추가 발표도 있었다. 모든 발표가 다 끝난 뒤 강사는 서준과 나영에게 마르틴 부버의 『나와 너』라는 책을 추천했다. 작가 이름이 자기가 좋아하는 게임의 영웅 마틴 셉팀과 철자가 같아서 서준은 반가웠다. 태희도 함께 읽고 싶다고 했다. 한편 나영이 책을 사서 읽겠다고 하자, 만화책 말고는 책을 사 본 적이 없는 준석도 자기 돈으로 그 책을 사겠다고 말했다.

강사는 종합 평가 이후에 수업을 정리했다.

"다음 과제는 현장 조사 전 마지막 이론 수업으로, 각자 생각하는 최고의 영웅을 찾아오는 것입니다. 여러분은 그 능력으로 동네의 영웅도 찾게 되실 겁니다. 동네 최고의 영웅을 찾아오는 조는 교육청과 시청에서 주는 표창장까지 받을 수 있도록 진행팀이 수고해 주셨습니다."

그런데 반응은 별로 뜨겁지 않았다. 서준네 조와 나영네 조가 모두 월등하게 점수가 높아서 선물이든 표창장이든 다른 조와 경쟁이 되지 않을 거라고 생각한 사람이 많아서였다.

*

서준과 준석, 나영과 태희는 책을 사려고 대형 서점이 있는 의정부로 갔다. 같은 집에 사니까 한 권만 사면 되지 않느냐고 태희가 묻자 서준과 준석이 합창하듯 말했다.

"우리는 자기 것에 대한 생각이 확실해."

속옷과 게임 아이디를 따로 쓰는 것 말고는 되는대로 막 섞어 쓰며 살던 아이들이 할 말은 아니었지만, 자세한 사정을 모르는 나영과 태희는 그 말을 곧이곧대로 믿었다.

서준과 준석은 서점에서 태희와 나영이 추천해 주는 다른 책들도 훑어보았다. 태희와 나영이 추천한 책들은 꽤 재미있어 보였다. 그러나 막상 사서 읽기 시작한 『나와 너』는 별 재미가 없었다. 절반 정도만 간신히 읽은 상태에서 서준과 준석은 나영과 태희에게 구조를 요청했다. 그렇게 해서 네 명은 다시 북카페에서 만나게 되었다.

만나자마자 태희가 물었다.

"책도 책이지만, 다음 주 영웅 찾기 과제는 어떻게 했어?"

서준은 책을 읽느라 깜박했다. 솔직히 책을 읽으면 그 과제도 저절로 해결될 줄 알았다. 그런데 책을 읽느라 과제 해결은 물 건너간 것 같았다. 이번에도 슈퍼맨으로 때우면 사람들이 지겨워할 텐데 걱정이 되었다. 그래서 이런 경우에 가장 효과적인 대답을 했다.

"그러는 너는?"

"나는 영화에서 영웅을 찾았어."

"어떤 영화?"

머릿속에 온갖 슈퍼히어로가 떠올랐다. 태희가 독특하게 이순신이나 독립군이 나온 것으로 정하지는 않았는지 슬쩍 의심스러웠다. 그때 태희가 말했다.

"와즈다."

"와즈다? 일본 캐릭터야?"

서준의 말에 나머지 셋이 모두 웃었다. 물론 준석은 슬그머니 눈치를 보면서 웃었다.

태희가 말했다.

"사우디아라비아 영화 〈와즈다〉의 주인공 여자아이 이름이야. 와즈다는 이웃에 사는 또래 남자아이 압둘라처럼 자전거를 마음 대로 타는 게 소원이었어. 더 나아가 자전거 경주로 남자를 이겨 보는 것까지 꿈꾸는 좀 엉뚱한 소녀였지. 다른 나라라면 이런 꿈이 큰 문제가 안 되겠지만, 사우디아라비아에서는 달랐어. 왜냐하면 여성이 자전거 타는 것을 사회적으로 금하는 나라였거든."

"뭐, 정말?"

서준이 황당하다는 표정으로 묻자 나영이 타이르듯 말했다.

"학교에서 배운 것처럼 문화적 상대성 때문! 문화적인 차이니까 너무 황당해하는 표정부터 짓지는 마시고요. 그 정도까지는 아니지만 우리나라에도 여자니까 하면 안 된다는 거 많으니 너무 오버하지는 마셈."

"아니, 그래도 자전거를 못 타게 하는 건 심하지 않아?"

고개를 세게 가로젓는 서준에게 태희가 말했다.

"이 영화가 나왔을 때만 해도 사우디아라비아에는 여성 운전자가 한 명도 없었어. 여자들이 전부 운전을 못 해서가 아니라, 정부에서 운전면허증을 내주지 않아서였어. 여자가 운전을 하면 외부 활동을 많이 하게 되고, 그러다 보면 외간 남자들과 마주칠 기회가 늘어나니 문제가 생길 거라고 보수파가 막았던 거야."

"대체 그런 놈들 머릿속에는 뭐가 들어 있는 거지? 자기들이 더

러운 생각을 해서 그런 거 아니야?"

"그럴 수도 있지. 아무튼 같은 이유로 자전거조차 여자는 마음 대로 타지 못했어. 와즈다는 여자라고 차별하는 세상의 불합리한 힘에 저항해서 자전거를 타고 싶었어. 그래서 코란 암송 대회에서 받은 상금으로 자전거를 사려고 해. 자전거 타는 것 때문에 혹시 라도 딸이 위험해지지는 않을까 싶어서 같은 여자인 엄마는 반대 하고. 그런데 남자 친구가 자전거 타는 방법을 알려 주면서 돕지."

"그래서 어떻게 됐어?"

"결말은 직접 영화를 보고 확인하셔야지용."

태희가 웃으며 말했다. 나영도 미소를 지으며 덧붙였다.

"나도 그 영화 재미있게 봤어. 그 영화가 개봉되고 나서 사우디 아라비아에서도 여자가 자전거를 탈 수 있게 됐대. 영화가 현실을 바꾼 거야. 와즈다의 모습이 그만큼 공감을 불러일으킨 거지."

"나영 언니 말대로 오빠와 준석이도 꼭 한 번 봐. 그리고 와즈다 도 대단하지만, 이 영화를 감독한 하이파 알-만수르도 영웅이라 고 할 만하다고 생각해. 여성 차별이 심한 사우디아라비아에서 여 성이 직접 감독해서 찍은 최초의 영화이기도 하니, 감독이나 주인 공이나 좀 더 정의롭고 자유로운 세상을 만들어 보려고 금기에 도 전한 것은 똑같잖아."

"그래, 일단 분위기는 영웅에 가깝네. 어쨌든 영웅의 조건에 맞 춰서 하나씩 살펴보자고."

서준은 지난번에 정리해 놓은 영웅 기준표를 보면서 말했다.

"첫째, 다른 사람의 도움을 받더라도 결국 스스로의 힘으로 새로운 자기를 완성한 것 맞아?"

"맞아. 영화를 끝까지 보면 와즈다가 압둘라의 도움을 받긴 했지만 결국 자기가 원하는 바를 얻는 것을 오빠도 확인할 수 있을 거야. 앗, 이런! 스포일러를 해 버렸네."

서준은 고개를 좌우로 빨리 돌려서 까먹은 표정을 지은 다음 다시 물어보았다.

"둘째, 일상적인 평범함과 위기에 빠졌을 때 툭 치고 나아가는 특별함을 동시에 지닌 사람……이었을 것 같고, 셋째, 모험을 겪으면서 새로운 교훈을 얻고 더 행복한 길로 나아간 것 같기도 하고……. 그런데 넷째, 처음 의도부터 정의로운 일을 생각했나? 처음에는 남자애보다 더 빨리 달리고 싶어 한 게 전부 아니었어?"

"맞아. 그렇지만 자기 꿈을 포기시키려는 세상의 불합리와 싸웠지. 혁명가처럼 나선 것은 아니지만 여자라고 차별받는 것을 당연시하진 않았다고. 여성도 존중받고 자기가 하고 싶은 일을 할 수 있다고 믿으며 실천하려고 했으니 정의로운 일을 생각했다고 볼 수 있어."

"좋아, 일단은 넘어가자. 내가 영화를 안 봤으니 한계가 있네. 나영이가 판단해 줘 볼래? 다섯 번째는 어때?"

"보통 사람들은 두려워 뒤로 물러서는 금기에 도전했으니 영웅의 조건을 통과한 게 맞지."

"여섯 번째는? 사회적 규칙을 따르려 하지 않았잖아."

"그 규칙이 정의로운 것이라면 당연히 따라야지. 하지만 그 규칙은 불합리했잖아."

"악법도 법이잖아."

"어, 아빠가 그 말은 악법이어도 잘 따라야 한다고 무조건 강요할 때 쓰는 말이 아니라고 했어. 법을 악용하려는 사람들이 반대 의견을 억누르고 싶을 때 마구 쓸 수 있는 말이 절대 아니라고. 소크라테스가 독이 든 잔을 마시면서 했다는 말도 나중에 조작된 일화에 가깝대. 그냥 권력자가 정한 법을 따르는 게 좋은 일이라고 선전하려고."

"아빠? 아빠가 누군데?"

"몰랐어? 김성학 선생님."

서준은 그제야 나영이 사회 교사인 아버지의 딸답게 똑 부러지게 말해 왔다는 것을 깨달았다. 그리고 처음에 선생님이 자기 딸이 참가할 거라 말했는데, 선생님 외모가 워낙 기대감이 없는 축이어서 무시했다는 것도.

서준이 충격에 빠져 있는 동안 준석이 물었다.

"누나, 그게 정말이야?"

"그럼, 정말이지. 내가 아빠 가지고 왜 거짓말을 해."

"아니, 그것 말고 '악법도 법'에 대해 한 말 말야."

"아, 그것도 거짓말 아니야. 소크라테스가 스스로 남긴 책은 하나도 없고 다 입에서 입으로 전해지거나 후대의 학자가 쓴 거래. 그러니 전설처럼 사람들 입맛에 맞게 이야기가 들어가고 빠지고 했을 가능성이 높아. 그리고 그 일화가 거짓이 아니라 해도 해석은 조심해서 해야 해."

"어떻게?"

나영은 책에서 읽은 내용을 떠올리며 말했다.

"법은 윗사람이 자기 맘대로 정하는 게 아니잖아. 사회 구성원들의 뜻을 따라 일정한 절차를 거쳐 정해졌을 때, 그 법의 내용에 좀 엄한 측면이 있어도 사회적 정당성을 갖춘 것이니 그대로 따라야 한다는 의미가 더 커. 법을 제정한 배경이나 실행하는 과정이 모두 정당한지도 아주 중요한 거야. 법이니까, 사회적 규칙이니까 무조건 지켜야 한다는 뜻은 아니라고. 거꾸로 말하면, 악법도 법이 될 수 있으니까 그만큼 애초에 잘 따져 보고 정하게끔 해야 한다는 뜻도 되지."

"그렇다면 사회적 규칙을 따른다는 이 조건은 버려야 하는 거야? 이 조건을 버리면 반영웅과 구별하기가 더 힘들어질 것 같은데?"

"나는 그 사회적 규칙이 무엇이냐를 따져 봐야 한다고 생각해. 그러니까 사우디아라비아의 사회적 규칙에 따르면 여성이 자전거를 타선 안 되지만, 좀 더 보편적인 자유와 평등의 사상을 존중하는 시각에서 보면 오히려 여성이 자기가 원하는 대로 자전거를 타는 게 더 좋은 거잖아."

"그…… 그렇기는 하지."

"그러니 사회적 규칙이라는 말을 기존 사회의 규칙이나 특정 지역의 규칙으로만 해석하면 문제가 될 것 같아. 여기서 말하는 사회적 규칙은 인류의 보편적인 가치에 더 알맞은 규칙으로 해석하는 게 낫다고 생각해."

"그게 무슨 말이야?"

"쓸데없이 살인을 하거나 자기 기분에 따라 의무를 저버리거나 하는 반영웅적인 행동은 규칙에 어긋나는 짓이야. 그렇지만 백성을 괴롭히기만 하는 권력자를 몰아내고 많은 사람들에게 자유와 행복을 나눠 주기 위해 용기를 낸 사람은 오히려 그 땅에 진짜 있어야만 하는 사회적 규칙을 더 잘 따르는 사람이 되는 거지."

서준은 촛불 집회가 열리자 오히려 범죄를 저지른 대통령을 보호하려고 했던 사람들이 떠올랐다. 자기들이 믿는 사이비 영웅을 건드리지 말라며 평범한 사람들을 괴롭히던 사람들. 진저리가 쳐졌다.

나영은 계속 말했다.

"갈등을 억지로 누르는 게 진정한 평화는 아니야. 잠깐 동안 싸움이 일어나더라도 더 많은 사람들이 더 오래 잘 지내는 것이 진정한 평화에 가깝지 않을까? 불합리한 규칙을 억지로 따르면 겉으로는 문제가 없어 보여. 하지만 안에서는 갈등과 상처와 시름이 더 깊어지지. 언젠가는 참지 못할 지경까지 악화돼서 사람들이 폭발할 거야. 그러면 그 거짓된 평화도 끝이야. 무엇보다도 무조건 참고 따르는 과정에서 평화의 궁극적인 목적인 행복한 삶과는 더 멀어진다는 게 큰 문제지."

"아휴, 좀 어렵다."

준석이 말했다. 그러자 나영이 찬찬히 말했다.

"준석아, 마지막 일곱 번째는 쉽잖아. 역경에 신경 쓰기보다는 이상을 향해 나아간다는 말은 딱 와즈다의 행적과 일치하지 않니?"

나영의 눈짓에 태희도 고개를 끄덕였다.

"그래, 우선 한 명은 확보됐고……. 좋아. 그럼 나영이는 뭘 준비했어?"

서준의 말에 준석은 어리둥절했다.

"어, 누나가 준비한 게 아니었어? 나영이 누나가 하도 말을 많이 해서 누나가 준비한 영웅인 줄 알았잖아. 맞아, 태희 누나 거였지."

나영은 웃으며 탁자 위에 자료를 꺼내 놓았다.

"내가 장래 희망으로 생각하고 있는 디자인과 관련된 것을 준비해 왔어."

맨 처음 보여 준 종이에는 비닐봉지를 들고 있는 흑인 소녀 사진이 있었다. 와즈다도 서준이 예상했던 영웅의 모습이 아니었지만, 이번에는 훨씬 더 예상을 벗어난 모습이었다.

"이게 뭐야? 이 꼬마애가 영웅이야?"

"아니, 이 배변 봉투를 만든 사람들이 영웅이야."

"뭐?"

"이 봉투는 피푸라고 하는데, 한마디로 말하자면 개인적으로 쓸 수 있는 일회용 변기야. 오지, 슬럼가, 난민 캠프, 학교, 각종 공동체 등에서 사용할 수 있어."

"언니, 좋은 아이디어이긴 하지만 특별한 것은 없는데? 그냥 비닐봉지를 나눠 주면 되는 거였잖아. 솔직히 여기 쓰인 글자나 색도 단순하고."

"디자이너가 멋으로 디자인한 것이 아냐. 친환경 소재로 나중에 뒤처리까지 말끔하도록 설계해서 만든 거야. 이 봉투는 그냥 비닐이 아니야. 천연 향료를 사용해서 일을 보면 방향 효과가 나게 했고, 바이오 플라스틱으로 만들어서 나중에 비닐은 분해되고 분뇨는 비료가 되게끔 처리했어."

나영이 종이를 넘겨 다른 자료를 보여 주며 말했다.

"게다가 여기 추가 자료에 나온 것처럼 피푸 봉투 안에서는 2~4주 안에 배설물의 질병 발생 균이 무력해진대. 그래서 그 비닐 속 배설물을 모아서 비료를 만들 수 있지. 덕분에 지역 위생과 비료 사업 문제까지 긍정적으로 변화시키는 거야. 판매도 주로 여성이 맡게 해서 생활에 도움을 주도록 했지. 해당 지역 여성들이 배변 문화를 처음부터 끝까지 완전히 바꿀 수 있도록 디자인한 거야."

"와, 멋지다!"

태희가 탄성을 질렀다. 서준도 피부 봉투 디자이너들이 대단한 일을 했다는 생각이 들었다. 그렇지만 영웅 하면 떠오르는, 악당과 맞서 싸우는 이미지와는 거리가 멀었다. 물론 악당과 맞서지는 않았어도 많은 사람들을 위해 멋진 일을 한 것은 분명했다. 다만 불과 한 달 전의 자기 형제처럼 사람들이 게임이나 영화 캐릭터같이 몸을 써서 싸우는 영웅의 모습을 주로 떠올릴 텐데 이걸 그들에게 어떻게 이해시킬 수 있을지 걱정이 되었다.

"서준 오빠랑 준석이는 어떤 영웅을 생각했어?"

태희의 질문에 서준은 얼음이 되었다. 그때 준석이 나섰다.

"그러잖아도 영웅을 정하려고 했는데, 이 책을 읽다 보니 오히려 더 어려워지더라고."

준석은 비장의 무기를 꺼내는 전사의 표정을 지으며 손을 내밀었다. 그 손에는 책이 들려 있었다. 바로 마르틴 부버의 『나와 너』였다.

"나는 이 책 다 읽었는데. 오히려 더 도움이 되던걸?"

"다…… 읽었어?"

나영의 말에 서준이 조심스럽게 물었다.

"응."

"어, 그렇구나. 태희도 다 읽었니?"

태희가 고개를 가로젓자 서준과 준석은 왠지 마음이 놓였다.

"열 쪽 남았어."

역시 다른 종족이었다는 생각이 들 때 태희가 또 물었다.

"오빠는 어디까지 읽었어?"

"절반."

"거기까지 어떤 부분이 특히 좋았어?"

서준은 앞부분에 나오는 내용을 떠올렸다.

"사람에게는 '위대한 모습의 나', 그리고 '비참한 모습의 나' 두 가지 모습이 다 있다는 것……. 이렇게 말로 하니 평범한 것 같지만 읽을 때는 느낌이 있었어."

태희가 잠시 머뭇거리다가 말했다.

"음, 나도 그랬는데. 그 두 가지 다 내 모습이지만, 이 책을 처음 읽었을 때 나는 주로 한 가지 모습만 생각한 것 같아. 아빠는 내가 '뭐든지 이룰 수 있는 가능성'을 안고 있는 사람이라고 자주 말했고, 엄마는 태몽 이야기까지 꺼내면서 기대를 숨기지 않았어. 하지만 부모님이 그런 '위대한 모습의 나'를 이야기할수록 나는 부담스러웠고, 그 기대에 미치지 못하는 내가 비참하게만 느껴졌어. 솔직히 지금도 가끔 그럴 때가 있고."

서준도 책을 읽으며 그런 느낌을 받았다. 하지만 어느 자리에서나 주인공으로 떠오를 수 있는 능력과 매력을 갖춘 아이라고 생각한 태희에게 '비참한 모습의 나'가 있다는 고백은 뜻밖이었다.

책에서 "위대한 나는 삶의 주인공으로서 고귀한 나만의 색채를 지니고 있다."는 문장을 읽을 때도 영화 속 멋진 주인공과 연예인, 모범생, 그리고 최근에 만난 태희 같은 애들을 떠올렸다. 그런 위대한 인간이 지녔다는 능동적인 모습은 텔레비전 다큐멘터리 〈인간극장〉의 주인공한테나 있는 것일 뿐, 서준 자신의 생활을 카메라로 찍는다면 억지로 학교에 끌려가고 유행이나 좇는 한심한 모습만 찍힐 것 같았다. 혹시라도 인터뷰를 하게 되면 이렇게 말할 것이다.

"저는 제가 태어나고 싶어서 태어난 게 아니에요. 그런데 저더러 제 삶의 주인공이라고 하시니 정말 말이 안 된다고 생각해요. 뉴스에 나오는 지질한 인간들에게 '저런 건 왜 태어나서'라며 비난하듯이 그런 말이 저에게도 쏟아질까 두렵답니다. 그런 두려움을 느끼는 제가 비참해요. 특히 아빠와 엄마가 서로 싸우다가 마침내 이혼했을 때는 '이럴 거면 나를 왜 낳았나'라는 생각까지 들었어요. 제 생활도 부모님의 이혼으로 완전 달라졌고요. 그런데 제가 삶의 주인공이라니……. 정말 믿을 수가 없어요. 주인공인 부모님에 의해 상황이 바뀌는 저는 조연이라는 생각이 들 뿐입니다. 저도 주목받고 싶었지만 세상은 주인공이고 싶어 하는 사람들로 가득 차 있었어요. 나보다 능력이 뛰어난 사람도 많았고요. 그 속에서 저는 그저 그런 아이였어요. 점점 더 비참해졌지요. 뭘 하고 싶어도 할 수가 없고, 뭔가 해야 한다는 것은 알지만 할 수는 없는 게 힘들어요. 그래서 게임이나 하면서 잊어버리려고 하죠."

서준이 자기 생각에 빠져 있을 때 나영은 서준이 그다음 부분을 제대로 읽었는지 확인하려고 질문을 던졌다.

"잠깐만! 중요한 건 위대한 나와 비참한 나가 있다는 것 자체가 아니잖아? 위대한 내가 주인공이고 비참한 나는 주인공이 될 수 없다는 식으로 읽으면 안 되는 거잖아?"

"어? 그럼 어떻게 읽어야 하는데?"

나영은 책을 펼쳐서 손가락으로 가리키며 말했다.

"여기 보면, 세상이라는 극장의 무대 위에서 펼쳐지는 내 인생에 계속 카메라를 들이대고 바라보고 있는 유일한 사람이 바로 나라는 사실을 잊지 말아야 한다는 내용이 강조되어 나와."

나영의 말을 듣자 책의 글자들이 마치 색칠이라도 한 것처럼 서준의 눈에 더 또렷하게 보였다. 나영은 몇 장을 더 넘겨서 다른 부분을 가리키며 덧붙였다.

"위대한 모습을 지녔다고 칭찬을 받건, 사실은 왜 이 모양이냐고 욕을 먹건, 진실되게 판단할 수 있는 사람은 오직 자기 자신이라는 바로 이 말이 나는 참 좋게 들렸어."

"왜?"

"좋으나 싫으나 나는 내 삶의 주인공이라는 뜻이니까. 아빠와 엄마, 어른들이 인정해 주고 그렇게 밀어주고 축복해 줘서가 아니라 본래부터 그랬던 거야. 그럴 수밖에 없는 것이었기도 하고. 세상에 대해서든 나에 대해서든 결국은 내가 판단을 내리고 자유롭게 생각하는 사람이라면…….."

책의 내용을 암기 과목 공부하듯 정리하고 외우고 원할 때마다 술술 기억해 내는 나영이 '자유롭게 생각하는 사람'이라고 말하니 별로 어울리지 않는다고 서준은 생각했다. 하지만 나영의 다음 이야기를 들으면서 더 많이 공감하게 되었다.

"심지어 이따금 아주 이상한 상상이나 못된 일을 벌이는 생각을 할 때도 다른 사람들 모르게 할 수 있다는 것은 내가 그만큼 독립적인 사람이라는 뜻이기도 하지. 그러면 위대한 존재일 수 있는 거야."

"그렇게도…… 볼 수는…… 있겠구나."

"절반까지 읽었다며? 그게 핵심이잖아. 비참한 부분을 갖고 있는 내가 위대하다면, 못나 보이는 다른 사람들도 그렇게 위대할 수 있다고 생각할 수 있다는 게 이 책 제목인 '나와 너'에 관한 생각의 진정한 출발점이잖아."

그 점은 서준이 미처 읽고 이해하지 못한 거여서 뭐라고 할 말이 없었다. 태희도 이야기를 따라오는 게 힘들어 보였다. 서준은 태희 핑계를 대면서 『나와 너』에 대해서는 모두 다 읽고 난 다음에 이야기를 하고, 또 영웅을 더 찾아오기로 했다.

서준은 집으로 오자마자 자기 방으로 들어가 책을 펼쳤다. 그리고 자기가 이해한 바를 나영처럼 똑 부러지게 설명할 수 있도록 내용을 정리하면서 읽었다. 그래도 쉽지 않았지만 포기하고 싶지 않았다. 밤늦게 동영이 퇴근해서 들어와 방문을 열어도 눈치채지 못할 정도로 집중했다.

동영은 서준이 메모장에 옮겨 적은 글을 뒤에서 슬쩍 보다가 조심스럽게 말을 건넸다.

"책이 좀 힘들지 않니?"

"좀? 아주 많이 힘들어요."

"힘들지만 게임 미션을 클리어하는 것처럼, 그 의미를 알면 그만큼 재미도 크지 않아?"

서준은 대답 대신 입을 쩍 다셨다.

"이제 다 읽었구나? 그래서 내용을 정리하는 거야?"

"다 읽으면 뭐해요. 중간중간 막히는 데가 있어서 다 이해가 힘든데."

"세세한 부분은 놓치더라도 일단 중요한 맥락을 잡기만 해도 좋은 거지. 이 책의 핵심은 '나'와 '너'의 관계와 '나'와 '그것'의 관계를 구별하는 거야."

"그 정도는 나도 벌써 눈치챘다고요."

"그럼 다 된 거네."

"다 되긴 뭐가 다 돼요? 아직도 딱 부러지게 말하지 못하겠는걸요."

"네가 적은 내용을 다시 조합하기만 해도 이야기는 완성돼."

동영은 서준이 써 놓은 글들을 인용하면서 이야기를 계속했다.

> ● 나만이 오직 위대해야 하고, 주인공이어야 하고, 나만 자유로워야 한다고 생각하면 다른 사람을 인정할 수가 없다. '나'와 '너'가 아니라, 오직 보잘것없는 '그것'만이 존재한다. '그것'은 내가 마음대로 해도 되는 수동적인 존재이다.

여기까지 말한 동영은 서준에게 의미심장한 웃음을 던지며 말했다.

"반영웅이 나와서 휘젓는 영화의 엑스트라들은 완전히 물건 취급을 받아도 좋은 수동적인 존재들로 나오지. '나'는 철저히 '그것'을 관리하고, 다루고, 자르고, 부수고, 깨고, 변형할 수 있어. '나'는 '그것' 앞에서 신이 되지. 심지어 동료였던 슈퍼히어로도 겉으로는 '친구'라고 부르지만 '그것'으로 대하는 영화도 있었어. 한번 찾아볼래?"

동영은 답을 알고 있었다. 꿈의 학교를 기획하기 위해 먼저 마르틴 부버의 책을 읽을 때 김성학의 주도로 슈퍼히어로 영화를 분석했다. 그때 자신이 왜 슈퍼히어로가 나오는 블록버스터 영화를 불편하게 느끼는지도 확실히 알 수 있었다. 그것을 서준도 체험하게 하고 싶었다.

"친구? 그럼 여러 명이 한꺼번에 나와야 하는데? 아빠와 함께 본 영화이기도 해야 하고. 그럼…… 어벤져스?"

"응, 어벤져스 캐릭터들이 나오는 영화 중에 아무거나 생각해도 쉽게 찾을 수 있을 거야."

"자꾸 말 돌리지 말고 얼른 말해 주세요."

"좋아. 2016년에 개봉한 〈캡틴 아메리카: 시빌 워〉 기억나? 그 영화에서 캡틴 아메리카와 아이언맨이 서로 팀을 나눠 대결하잖아."

"그래서 내전을 뜻하는 제목을 붙인 거죠."

"두 사람이 왜 그렇게 다퉜지?"

"간단히 말하기 힘든 문제예요. 줄거리를 다 알아야 겨우 이해할 수 있는 문제거든요. 그런데 영화 내용과 원작인 만화의 내용이 달라요. 하지만 아빠는 만화를 보지 않았으니 '뉴 워리어스'나 '블랙 골리앗'이 등장하는 이야기는 아예 모를 거야. 그냥 영화에 나온 대로만 말할게요."

블록버스터 영화에 관한 것이라면 아주 세세한 사항까지 모두 기억하는 서준은 인공 지능이 정보를 꺼내어 말하듯이 줄거리를 술술 말했다.

11

위험한 슈퍼히어로

"어벤져스의 캡틴 아메리카가 생화학 무기 탈취를 막아 내다가 많은 사람들이 죽었어요. 바로 그때 아이언맨은 MIT 대학에서 가상 현실을 이용한 트라우마 심리 치료 연구를 시연하다가 어느 흑인 여성과 마주치죠. 그녀는 어벤져스의 활약 때문에 죽은 자기 아들 얘기를 해요. 그것 때문에 아이언맨은 죄책감을 제대로 느끼지요. 여론이 나빠지면서 슈퍼히어로들의 통제를 위한 협정에 서명하라며 어벤져스 팀에 압력이 들어와요. 이때부터 아이언맨과 캡틴 아메리카의 갈등이 깊어졌어요."

동영은 서준의 능력에 다시 한 번 놀랐다. 어릴 때는 공룡에 관련한 것도 전문가 수준으로 줄줄 읊었는데, 지금도 자기가 좋아하는 게임이나 영화, 스포츠에 관한 것은 막히지 않고 이야기했다.

"맞아. 그 갈등이 시작되는 장면을 잘 생각해 봐. 내가 아이언맨을 할 테니 너는 캡틴이 됐다고 생각하고서 말야."

"아, 그러면 몰입감 하나는 완전 제대로겠네요. 으이그, 아빠. 그렇게 안 해도 다 기억한다고요."

동영은 입을 닫고 아이언맨처럼 생각에 빠진 척했다. 서준은 어이없다는 표정을 지으며 말했다.

"안 그래도 된다니까요? 아빠가 발연기 할 필요 없게끔 내가 아주 자세히 이야기해 줄게요. 팀원들이 협정에 서명할지 말지 토론하는 내내 아이언맨은 침묵을 지켰어요. 캡틴은 그 이유가 아이언맨이 벌써 마음을 정했기 때문이라고 생각했어요. 평소 자유분방한 아이언맨이 규제를 좋아할 리가 없다고 여긴 거죠. 그리고 실제로 다른 팀원들에게도 그렇게 말해요."

서준은 목소리에 힘을 주며 말했다.

"그런데 아이언맨의 결정은 달랐어요. 아이언맨은 자신처럼 죄책감을 느끼게 한 다음 '우리'에게는 '통제'가 필요하다며 협정에 서명하자고 어벤져스 팀원들을 설득해요. 하지만 캡틴은 반대하지요."

"왜 그랬지?"

"협정에 서명하면 어벤져스는 특정 권력의 조종을 받는 하수인 조직이 되고, 진짜 자신들이 필요한 곳에는 허가를 받지 못했다는 이유로 가지 못하는 문제가 발생할 거라는 이유에서죠. 완벽하지는 않아도 자신들의 판단을 믿고 시행착오를 겪으며 각자에게 주어진 능력을 발휘하고 그에 걸맞은 책임을 지자는 것이 캡틴의 논리였어요."

"너는 어느 쪽이 더 옳다고 생각하니?"

"캡틴이요. 〈스파이더맨〉에도 나오는 대사지만 '큰 힘에는 그만큼 큰 책임이 따르는 법'이거든요. 그런데 그런 책임은 그만큼 큰 힘을 지닌 사람이 져야 하는 것이기도 해요. 그들이 보통 사람들보다 능력도 훨씬 뛰어나니까 그런 사람에게 맡기는 편이 더 좋지요."

"그렇다면 힘이 강한 아이언맨은 왜 협정에 서명하자고 그런 거지?"

"그야 영화를 재미있게 만들려고 갈등을 끌어들인 거지요."

"맞아."

"네?"

조목조목 따지는 동영의 이야기를 피하려고 그냥 해 본 말인데 맞다고 하니 서준은 오히려 당황스러웠다.

　"이 영화는 애초에 없어도 되는 갈등을 끌어들인 거야. 사실 아이언맨과 캡틴의 갈등은 협정과 별 상관이 없거든."

　"아빠, 그건 영화 마지막에 가야만 알 수 있는 거고, 지금까지는 협정을 둘러싼 갈등이 엄연히 존재하잖아요."

　"아니, 너희들 표현으로 하자면 협정은 거들 뿐, 사실은 똑같은 놈들의 성향이 그냥 부딪친 거야. 처음부터 끝까지 말야."

　"성향이 똑같다니요? 캡틴은 완전 고지식해요. 정의가 뭔지 엄청 고민하는 타입이고요. 아이언맨은 완전 자유분방이에요. 솔직히 정의보다는 자기가 잘나 보이는 데 더 신경 쓰는 타입이지요."

　"이래서 내가 캡틴과 아이언맨으로 역할 놀이를 해 보자고 한 거야."

　서준은 "으." 하면서 손사래를 쳤다.

　"캡틴은 아이언맨이 침묵하는 이유를 자기가 훤히 다 알고 있다고 생각했어. 즉 아이언맨을 변화무쌍한 인간으로 본 게 아니라 고정된 존재로 생각한 거지. 그리고 팀의 리더인 자기가 설득하면 되는 수동적인 존재로 보기도 했어. 그런 자세는 협정 서명을 놓고 리더처럼 나선 아이언맨에게서도 볼 수 있지. 아이언맨은 캡틴에게 협정에 서명하라며 역사적으로 가치가 높은 펜을 들고 올 만큼 세심했어."

　동영은 눈을 찡긋거린 다음 이야기를 이어 갔다.

　"그렇지만 캡틴이 거부하거나 어떤 문제가 생겼을 때 쓸 수 있도록 자기 무기인 슈트를 가져오는 것은 아예 생각조차 못 했어. 대신 더 멋지게 입을 양복을 챙겼지. 왜냐하면 자기는 캡틴을 아주 잘 알고 있고, 마찬가지로 캡틴을 자기가 설득하면 서명을 해줄 수동적인 존재로 봤거든."

서준은 고개를 천천히 끄덕였다. 동영은 거침없이 말했다.

"캡틴이나 아이언맨이나 모두 자기를 중심으로 다른 사람을 조종할 수 있다고 생각하는 데서는 세계 최고의 능력을 가진 사람들이었던 거야. 다른 장면에서도 내내 똑같은 문제 요소가 부딪치지."

"그다음에 협정문 발표를 시작할 때 갑자기 폭탄 테러가 발생하지요. 그곳에서 국왕과 주요 인사가 죽으면서 국왕의 아들이었던 블랙 팬서가 복수를 다짐하긴 해요."

"맞아. 조금 전까지 사회적인 차원에서는 평화를 위해 협정을 맺는 것이 맞다고 여겼지만, 개인적인 차원에서 사태를 직접 겪으면서 생각을 완전히 반대로 바꾼 거야. 이런 식으로 어벤져스 팀원들은 다 비슷한 성향을 띠고 있어."

서준은 동영의 이야기에 더 집중했다.

"아이언맨은 그동안 마구 행동하다가 개인적으로 죄책감을 느끼니까 사회적인 차원의 문제를 별로 생각하지 않게 됐어. 캡틴은 갈등과 위험의 요소가 많은데도 개인적으로 친분이 있던 윈터 솔저를 살려 내려고 모험을 감행했고. 결과적으로는 해피 엔드여서 문제가 없어 보이지만, 처음부터 사회 정의나 전체 사안이 아니라 개인적인 이익이나 관심사에 더 치중했기 때문에 의도에 문제가 있는 게 사실이지."

"듣고 보니 그런 면이 있기는 하네요."

"무엇보다도 세상의 중심에 오로지 '나'만 있고 나머지는 '그 것'으로 보는 시각이라 문제인 거야."

동영은 서준이 책을 보며 정리했던 메모장을 손가락으로 가리키며 말했다. 거기에는 "그것은 마음대로 해도 되는 수동적인 존 재"라는 말이 적혀 있었다.

"캡틴이 서명하려고 펜을 든 순간 아이언맨이 염력을 쓰는 소녀를 가둬 놓고 있다는 소식을 듣잖아. 아이언맨은 대저택에서 호위를 받는 것이 어떻게 구금이냐고 따지지만, 말을 바꾼다고 해서 진실이 달라지지는 않지. 아무튼 구금한 이유를 묻는 캡틴에게 아이언맨은 그 소녀가 대량 살상 병기이고, 대량 살상 병기에게는 비자가 없으니 자기가 보호하고 있다는 식으로 말해. 인간이 아니라 그냥 사물로 본 거야. '너'가 아니라 '그것'으로 본 거지. 아이언맨은 소코비아에서 자기가 사람들을 마치 물건들처럼 여기고 쓸어 버린 죄책감 때문에 협정에 서명하겠다고 했지만, 본질적인 시각은 하나도 바뀌지 않은 거야."

동영은 목소리를 누그러뜨리며 말했다.

"아빠도 영화를 보면서 액션 장면에 감탄했어. 재미도 있었고. 하지만 이렇게 비판적으로 보지 않으면 안 되는 요소가 있어서 하는 말이야. 자기도 모르는 사이에 주인공의 행동을 따라 할 수도 있거든. 슈퍼히어로처럼 하늘을 날려고 한다는 게 아니라 다른 사람을 대할 때나 세상에 대해서 생각할 때 슈퍼히어로들이 보통 사람들보다 모든 면에서 탁월할 테니 되도록 그들처럼 하는 것이 더 멋지다고 생각하고 행동하게 되는 거야. 꼭 자신이 영웅적인 행동을 실천하지 않더라도 이런 점을 잘 가려서 볼 줄 아는 게 중요해. 그러면 영화를 더 재미있게 분석하면서 볼 수도 있고.”

서준은 동영의 말을 듣고 잠시 생각에 잠겼다.

“그렇게 보니 마지막 장면도 이상해요. 캡틴이 어벤져스 건물로 택배를 보내요. 택배에는 자기 도움이 필요하면 언제든 가겠다는 뜻으로 휴대폰을 넣었고, 편지에는 아이언맨에게 사과하는 내용이 들어 있어요. 그리고 자신은 리더로 부적절하며 아이언맨이 더 적절하다고 암시하는 내용을 넣었지요. 그런데 아이언맨이 리더가 되고 싶다고 한 적도 없고 리더로서 팀원들의 추대를 받은 것도 아닌데, ‘그냥 너 해. 내가 인정할게.’ 하는 식으로 찍는 것도 문제가 있어 보이네요. 이것도 자기가 판단하면 아이언맨이 따르는 게 더 좋다는 가정을 깔고 있는 거잖아요.”

“맞아, 바로 그런 거야. 얘들은 협정이니 뭐니로 싸운 게 아니야. 그저 ‘나’와 ‘그것’에 대한 생각이 같은 애들끼리 서로 필연적으로 부딪친 거라고. 세상의 주인공이 오로지 ‘나’여야 하는 이상, 슈퍼히어로의 능력이 있는 친구마저 ‘그것’으로밖에 보이지 않으니까.”

“그럼 어떻게 해야 하죠?”

“이 책에서 말하는 것처럼 ‘나’와 ‘그것’이 아니라 ‘나’와 ‘너’의 관계를 형성할 줄 알아야지. 겉으로만 희생자들을 추모한다, 재발되지 않게 하겠다는 것이 아니라 진정으로 모든 사람을 소중하게 여기는 태도를 뼛속 깊이 갖추는 거야."

"아니, 그건 아빠가 비판하는 슈퍼히어로 영화보다 더 허황된 얘기 아니에요?"

"조금씩이라도 시도하지 않으면 바닥을 기어 다니는 돌배기 아기한테 나중에 크면 100미터를 20초에 달릴 거라고 말해 주는 것도 끝까지 허황된 이야기로만 남을 거야. 해 보고 나서 이야기를 해야 하지 않겠니?"

서준은 동영의 말에 가슴이 뜨거워졌다. 머리로도 동영의 말이 멋지다는 생각이 들었다. 동영은 서준의 표정을 보면서 예전 모임에서 격렬한 토론을 벌일 때 꼼꼼하게 살펴보기를 정말 잘했다는 생각을 했다. 동영은 책을 넘기면서 자기가 강조할 부분을 찾아 손가락으로 짚어 가며 이야기했다.

"여기에 나와 있는 것처럼 '나'와 '너'에서 '너'는 능동적인 존재야. 나처럼 위대하고, 나처럼 주인공이고, 나처럼 자유롭지. 그래서 '너'의 존재는 함부로 할 수 없어. 인정하는 자세로 조심스럽게 대해야지. '너'를 인정한다면 그런 수많은 너들이 있는 세상을 인정할 수 있어. 그래서 마르틴 부버는 이렇게 말한 거야."

동영은 자기가 직접 말하지 않고 서준이 책의 문장을 읽어 보게 했다.

● **믿어라! 세계를 믿어라! 인간이 존재하기 때문에!**

사악한 이기심을 품은 인간이 많은 세상을 믿을 수 없기 때문에 현실에서 반영웅이 인기 있을 수밖에 없다고 말했던 것과는 사뭇 다른 이야기에 서준은 혼란스러워졌다.

　비슷한 혼란을 먼저 겪었던 동영이 서준에게 말했다.

　"이 책에 나온 것처럼, 모든 인간이 하나의 유기체처럼 세밀하게 연결되어 살아간다는 점을 명심해야 해. 건강한 유기체는 서로 긴밀하게 연결되어 자기 기능을 효과적으로 수행하지. 그러나 병든 유기체는 그 연결 고리가 단절되어 있거나 제대로 기능하지 못해. 특정 세포가 다른 세포를 힘이 세다는 이유로, 더럽다는 이유로 함부로 먹어 치우면서 자기 세력만 키우려고 하는데, 그게 바로 암 덩어리인 거야."

　서준은 암 덩어리 이미지가 떠올라 역겨움을 느꼈다.

　"즉 '나'와 '너'를 인정하면서 서로 유기적으로 긴밀하게 움직이지 못하고, '나' 아닌 존재는 '그것'으로 보면서 함부로 자기 목적을 이루기 위해 수단화하면 죽음에 더 가까워지게 되어 있어. 썩어 들어가는 과일 한쪽의 생생한 세포가 그 생명력을 얼마나 유지할 수 있을까? 암 덩어리가 커지는 기관 옆에 저 혼자 건강한 근육질이 얼마나 힘을 발휘할 수 있을까? 다른 존재들이 썩어 가는데 그냥 방치하거나 그것을 이용하려고 하면 결국 '나'도 없어지는 거야. 그런 '나'가 모인 조직도 마찬가지고."

　서준은 잠시 생각에 잠겼다가 동영에게 조심스럽게 말했다.

　"좋은 이야기이긴 한데, 실행 가능성이 너무 낮아 보여요. 정말 되기만 하면 멋지기는 하겠지만."

"힘들다고 포기하지 말고, 좋으니까 일단 해 봐야지."

"어떻게?"

"아까 말한 것처럼 대화와 조율로 해야겠지. 가까운 사람들부터 하면 더 좋고."

"가까운 사람?"

"그래, 가까운 사람!"

"그럼…… 아빠는 엄마와도 할 수 있어요?"

뜻밖의 말에 동영은 얼어붙었다. 책을 읽으면서 세상 사람들과 잘 지내는 모습을 추상적으로 생각하거나, 북카페에 오는 손님, 이웃 상인, 모임 회원들과 대화와 조율을 잘하는 모습을 떠올린 적은 있지만, 이혼한 아내를 떠올려 본 적은 없었다.

반항기 있는 서준이 깊이 생각해 보고서 한 말은 아니었다. 깊은 생각을 거치지 않고 나올 정도로 평소 늘 가슴속에 눌러 놨던 것이 터졌을 뿐이었다. 동영은 대답 대신 한숨을 길게 뽑았다. 서준은 짧게 쯧, 혀를 차고 고개를 돌렸다. 그 모습에 동영은 힘을 내어 말했다.

"해야만 하겠지."

동영은 잠시 끊었다 말했다.

"언젠가는."

그 말을 서준은 작게 되뇌었다.

"언젠가는."

동영은 그 말을 가슴에 담고 자기 방으로 돌아와 생각에 잠겼다. 국내외 출장 등 회사 일로 정신없이 돌아다니는 동안 아내는 외로움이 깊어졌다. 그래서 다른 사람을 사귀게 되었는데, 동영은 그 책임을 물어 아내와 이혼했다. 너무 화가 나서 두 아들에게까지 누구 때문에 이혼하는지 이야기했다. 3년 전 한참 예민했던 아이들은 엄마에게 실망한 나머지 복수심에 동영을 선택했다. 그리고 엄마에게서 전화가 와도 퉁명스럽게 굴었다. 얼굴을 보러 와도 마찬가지였다. 동영은 아내가 그런 대우를 받아 마땅하다고 생각했다. 그런데 남양주로 이사한 뒤 정연우가 꽤 친해지고 나서 이런 말을 했을 때 깜짝 놀랐다.

"아이들 상처가 깊을 테니, 하고 싶어 하는 일은 웬만하면 그냥 하도록 내버려 두자는 마음으로 키우신다고 하셨죠? 하지만 그런다고 상처가 덜해지진 않아요. 아이들한테는 엄마가 갑자기 없어진 데서 오는 상처가 있어요. 형님이야 형수님이 잘못하셔서 아내 자리에서 밀어냈다 해도, 아이들의 엄마라는 자리는 지켜 주셨으면 어땠을까 조심스럽게 말씀드려 봅니다."

그 말을 들었을 때 동영은 당해 보지 않은 사람은 모른다고 했다. 그가 직접 당했더라면 분노에 휩싸여 자기보다 더한 행동이라도 했을 거라고 말했다. 그렇게 목소리를 높여 정연우의 입을 막아 놓았지만, 동영의 가슴속에서 자꾸만 말을 거는 목소리는 어쩔 수가 없었다. 생각에 잠긴 지금도 그 목소리는 계속 이야기하고 있었다. 『나와 너』를 읽을 때도 이야기를 건네던 내면의 목소리. 아이들에게 영웅에 대해서 말할 때 힘을 보태 주던 목소리.

동영은 괴로웠다. 떨쳐 버리고 싶었다. 그러나 밤새도록 그 목소리는 떠나지 않았다. 이틀 동안이나 두통이 계속됐다. '코끼리를 생각하지 마.'라는 말을 들으면 코끼리부터 생각나는 것처럼, 자신을 괴롭히는 생각을 떨쳐 버리자고 다짐할수록 그 생각에서 더 벗어날 수가 없었다. 결국 내면의 목소리가 풀어내는 이야기에 귀 기울이게 되었다. 이야기는 집요하게 본질을 파고들었다.

여러 장면이 재구성되기 시작했다. 마치 영화를 다른 개념들로 분석해서 그 의미를 재구성하는 것처럼. 헤어지기 전에 서로 책임을 미루며 다투던 마지막 장면은 재구성하기가 쉽지 않았다. 그러나 동영은 끝내 해냈다. 자기가 잘못하긴 했지만 가정이 깨진 근본 책임은 동영에게 있다고 아내가 말하던 장면이었다. 아내의 그런 말을 들었을 때는 참 뻔뻔하다고 생각했는데, 그 말이 자기 목소리로 차분하게 들리자 묵직한 깨달음으로 다가왔다.

동영은 자리에서 일어나 북카페로 나갔다. 이른 청소를 마치고 세수한 다음 개운한 마음으로 전화를 걸었다. 상대방은 받지 않았다. 1분쯤 쉬면서 동영은 자기가 할 말을 머릿속으로 정리한 뒤 다시 전화를 걸었다. 이번에는 상대방이 다급한 목소리로 바로 전화를 받았다.

"웬일이야? 아이들한테 무슨 일 생겼어?"

12
어쩌다 영웅

처음에는 뜨악해하던 아이들도 동영의 집요한 부탁에 짐짓 귀찮은 듯 드디어 제안을 받아들였다. 영웅 사례 발표까지 남은 사흘이 아까웠지만, 일주일 남은 방학 안에 휴식 겸 다녀오기 가장 좋은 시간이었다. 그다음엔 동네를 직접 취재하러 다녀야 하니 더 시간이 없을 거라는 동영의 말에 서준과 준석은 고집을 꺾었다.

서준과 준석은 방학 때도 엄마를 만나러 경주로 내려간 적이 없었다. 엄마가 가게 쉬는 날 시간을 내서 올라와 잠깐 보고 내려가는 게 다였다. 엄마는 외할머니와 함께 특산품 가게를 돌보고 있었는데, 거기에서 파는 특별한 빵도 늘 가져왔다.

그러나 서준과 준석은 그 빵을 먹지 않았다. 경주에 내려가서 오랜만에 엄마가 해 주는 밥을 먹으면서 둘 다 왜 그렇게 그 빵을 싫어했는지 알게 되었다. 엄마와 경주 곳곳을 다니면서 왜 서울의

카페나 음식점에서 엄마와 만나는 게 싫었는지 알게 되었다. 그리고 자기들이 그동안 원한 것이 무엇이었는지, 엄마를 미워한 것이 아니라 사실은 그리워하고 있었다는 사실도 깨달았다. 형제는 특산품 가게에서 무거운 상자를 옮길 때면 대단한 일을 한 것 같아 기분이 좋았다. 이 힘든 일을 엄마와 외할머니가 하고 있다는 게 안타깝기도 했다.

1박 2일은 금세 지났다. 이튿날 모임이 없었다면 핑계를 대고 더 머무르고 싶은 마음이 굴뚝같았다. 엄마는 서울까지 편하게 차로 데려다주겠다고 했지만 두 사람은 엄마가 힘들 것을 걱정해서 버스로 가겠다고 했다. 그러자 엄마는 더 편하게 가라며 KTX 승차권을 끊어 주었다.

준석이 말했다.

"오유경 여사 덕분에 KTX를 처음 타 보네."

기분 좋으라고 한 말이지만 말한 사람이나 듣는 사람이나 뒷맛이 씁쓸했다.

KTX 역으로 걸어가는데 초등학생으로 보이는 남매를 둔 가족이 어눌한 한국말로 사진을 찍어 달라고 부탁했다. 일본인 가족 같았다. 여자아이는 초등학교 고학년쯤 된 것 같았고 남자아이는 2학년쯤 될까 싶었다. 서준은 그맘때 가족끼리 유일하게 해외여행을 갔던 경험을 떠올렸다. 그때 아빠는 마치 밀린 빚을 몰아서 갚듯이 가족 여행에서도 조급하기만 했다. 하지만 지금 아빠는 자기가 사진 찍어 주는 일본인 아저씨처럼 여유 있는 모습으로 바뀌었다. 예전에 엄마가 옆에 있을 때, 우리 가족에게 기회가 있을 때 아빠가 먼저 변했다면 어땠을까, 서준은 상상해 봤다. 카메라 프레임 속의 얼굴들이 서준의 가족 얼굴로 바뀌었다.

서준이 사진을 찍어 주자마자 엄마가 말했다.

"우리도 찍어 주세요."

일본인 가족은 살짝 당황한 미소를 보였다. 서준은 그 가족이 일본인들이라는 것을 아까 눈치챘기 때문에 일본어로 다시 부탁했다. 그러자 상대 가족도 반가워하며 이야기를 건넸다. 그 모습에 엄마는 대견해했다. 학교에서 서준은 일본어를 제2외국어로 선택했는데, 워낙 많은 만화와 게임 등을 섭렵한 덕분에 일본어를 제법 자연스럽게 하는 편이었다. 게임과 만화로 일본어를 갈고닦은 과정을 옆에서 지켜봤더라면 대견해하기는커녕 답답함을 더 많이 느꼈겠지만, 사진을 찍으려고 두 아들을 양쪽에 놓은 엄마는 저절로 환한 웃음을 머금었다.

기차 올 때가 다 되어 서준과 준석은 승강장으로 올라갔다. 거기에서도 일본인 가족은 사진을 열심히 찍고 있었다. 서준은 이번에도 가족사진을 찍어 줄 요량으로 그들에게 다가갔다. 일본인 가족은 한글이 가득 쓰여 있는 선로 건너편 광고판이 다 나오도록 승강장 맨 끝에 서서 포즈를 취하고 있었다.

울트라맨 포즈에서 다른 포즈로 넘어갈 때, 기차 도착을 알리는 안내 방송이 나왔다. 남자아이가 몸을 돌려 선로를 쳐다보았고, 그 모습을 본 여자아이가 남동생을 제지하려고 갑자기 움직였다. 그 바람에 여자아이의 어깨를 잡고 기대어 한껏 포즈를 취하고 있던 일본인 아저씨가 균형을 잃으며 뒤로 넘어졌다. 그 찰나의 순간에도 함께 넘어지면 안 된다는 생각으로 아저씨가 딸을 놓으려 했지만, 딸은 그 손을 더 꼭 붙잡았다. 결국 아저씨가 먼저 선로에 떨어지고 그 위로 딸이 떨어졌다.

서준은 생각할 겨를도 없이 앞으로 달려 나가 선로를 내려다보았다. 여자아이는 제 아빠를 부축하려 애쓰고 있었지만 아저씨는 머리를 선로에 부딪혔는지 정신을 잃은 상태였다. 서준은 기차가 오는 방향을 한번 쓱 보고는 곧장 선로로 내려갔다. 그리고 울고 있는 여자아이를 번쩍 안았다. 여자아이는 자기 아빠와 떨어지지 않으려고 했다. 서준은 일본어로 괜찮다고 큰 소리로 말하며 아이를 선로 위로 올렸다. 뒤따라온 준석이 여자아이를 받았다. 그러고 나서 서준은 아저씨를 옮기려 했지만 몸이 축 처져서 버거웠다. 바로 그때 경고음과 함께 기차가 곧 도착한다는 안내 방송이 나왔다. 순간 서준은 바짝 긴장했다.

"형, 어떻게 하면 돼?"

어느새 준석이 선로로 뛰어내려 서준 곁에 섰다. 서준이 대답하지 않고 아저씨의 상체를 들자, 준석이 하체를 맡아 들어 올렸다. 그사이 다른 사람들이 우르르 몰려왔다. 서준이 플랫폼 높이까지 아저씨를 올리자 사람들이 옷을 잡고 끌어 올렸다. 그리고 서준은 준석을 뒤에서 받쳐서 올렸다. 이번에는 서준 차례였다. 서준이 승강장 노란 선 밖으로 몸을 옮기고 겨우 몇 초 후에 기차가 휘익 바람을 일으키며 플랫폼으로 들어섰다.

안도의 한숨을 내쉬고서 서준이 소리쳤다.

"아저씨는 괜찮아요?"

그러나 아저씨가 깨어나지 못하고 일본인 가족은 울고만 있었다. 누군가 119에 신고하고, 나이 지긋한 아주머니가 생수병의 찬물을 일본인 아저씨 얼굴에 조심스럽게 뿌리고 있었다. 시간이 지나자 아저씨가 미미하게 반응하기 시작했다. 그러는 동안 도착한 역무원들이 자기들이 사태를 수습할 테니 승객들은 기차를 타라고 안내했다. 사람들은 걱정스러운 눈빛으로 기차에 올랐다.

그러나 서준은 왠지 그럴 수가 없었다. 인연이라고 해 봤자 서로 가족사진 몇 장 찍어 준 것밖에 없지만 책임감이 느껴졌다.

"제가 일본어를 조금 할 줄 아니까 도움이 될 거예요."

스스로 일본어가 유창하다고 생각한 적은 한 번도 없었다. 일본인과 이야기를 나눠 본 것도 거리에서 일본인 여행객이 길을 물을 때 대답해 준 경험 두세 번밖에 없었다. 그래도 조금이나마 도움이 되어 주고 싶었다. 서준은 근심에 찬 일본인 가족에게 응급차가 오고 있으니 걱정하지 말라고 머리를 쥐어짜 내서 말했다.

응급차를 기다리면서 서준은 앞으로 어떤 일들이 벌어질지 한 번 생각해 봤다. 그런 다음 엄마에게 전화해서 상황을 설명해 주었다. 엄마는 서준이 다친 데가 없고 모두 다 무사하다는 것을 확인하고서 안도의 한숨을 내쉬며 서준을 나무랐다.

"위험하게 왜 그랬어?"

"그럼 그냥 보고만 있어? 아, 됐고. 응급차에 다 못 탈 테니까, 준석이랑 아이들은 엄마 차에 태워서 따라가게 해 줘."

엄마는 잠시 말이 없었다.

"사정은 딱하지만……."

"엄마, 우리가 외국 가서 이런 일을 당하면 어떨 것 같아?"

"그래, 알았어. 네 말대로 할게."

소극적이었던 엄마는 도와주기로 마음먹고 나자 목소리가 더 힘차고 밝아졌다. 엄마는 일본어를 하지 못했다. 하지만 일본인 아저씨가 응급실에서 응급 처치를 받은 뒤 병실로 옮기고 나서도 챙기고, 아주머니가 기운 차릴 수 있게 먹을 것을 대 주고, 아이들은 집으로 데려가 쉬게 해 주었다. 서준과 준석은 이틀 뒤에 기차를 타고 집으로 돌아왔다. 모임은 일주일 뒤로 연기됐지만 모두들 이해해 주었다. 동영뿐 아니라 서준과 준석이 다니는 학교에서도, 꿈의 학교 참가자들도 모두 두 사람을 자랑스러워했다.

일본 대사관 직원이 다녀간 뒤, 서준이 일본인 가족을 구하는 장면이 뉴스에 나왔다. 뉴스는 마침 미국에서 화제가 된 영웅과 서준을 비교했다. 미국의 어떤 중년 남자가 불타고 있는 승용차에서 사람을 구하는 영상이 SNS에 퍼져 그 남자가 영웅이 되었다. 그런데 나중에 동영상 원본을 확인해 본 결과, 그 남자가 카메라 각도를 조절한 뒤 자기 모습이 잘 나오는 쪽으로 실신한 운전자를 데리고 나오는 장면이 포함되어 있어 여론이 한순간에 부정적으로 돌아섰다는 내용이었다. 뉴스 앵커는 서준이 거짓된 영웅주의가 아니라 진정한 영웅으로 나서는 한국인의 모습을 보여 줬다는 댓글들을 인용하며 칭찬했다.

그때만 해도 서준은 뉴스에 한 번 나오고 마는 것이라 생각했다. 아저씨가 가벼운 뇌진탕을 치료받고 일본으로 떠나기 전, 서준의 가족을 초대해 함께 식사를 하는 모습을 여러 매체에서 취재할 때만 해도 그저 기념사진 같은 것이라 생각했다. 하지만 그 뒤로도 서준은 여러 곳에서 인터뷰를 하게 되었다.

처음에는 텔레비전에 나오는 자기 모습이 신기하기도 했고, 경황 없이 밀어닥치는 사람들 요구에 따라 얼떨결에 일일이 인터뷰를 했지만, 일본 도쿄 지하철역에서 일본인 취객을 구하고 죽은 한국인 유학생 이수현과 비교하자 너무 부끄러워서 피하게 되었다.

하지만 그렇게 결정했을 때는 이미 늦었다. 어느 인터넷 매체에서는 '생명 앞에는 국적이 없다'는 제목으로 서준의 용기 있는 행동을 다룬 기사를 실었다. 기자가 일본이 전쟁 위안부 문제와 독도 영유권 문제를 두고 망언을 거듭하면서 두 나라 사이에 정치적으로 부정적인 기류가 흐르는 것을 의식해서 "일본인인 것을 알고 도왔느냐?"고 물었고 서준이 "그랬다. 그런 상황에서는 그런 게 문제 되지 않는다."고 대답한 것이 거창하게 포장된 거였다. '도쿄 지하철의 한국인 영웅, 한국에서 의인으로 부활'이라는 기사 제목까지 나왔다.

한편, 준석은 처음 몇 번 서준과 함께 인터뷰를 하고 나서 뒤로 밀려났다. 자신의 행동이 형이 잘 이끌어 준 덕분이라고 포장될 때는 너무 어이가 없었다. 그래서 뚱한 표정으로 잘 대답하지 않았더니 이후로 형에게 더 많은 인터뷰 요청이 쏟아졌다.

다른 매체에서 경주에 간 이유를 묻는 말에 서준이 부모님의 이혼 이야기를 어렵사리 꺼내자 "어려운 환경을 이겨 내며 남다른 정의심을 기른 학생"이라는 기사가 나왔고, 특별히 활동한 게 있는지 물어보기에 '우리 동네 영웅 찾기' 프로그램에 참여하고 있다고 대답했더니 "인문학으로 깨우친 올바른 삶의 자세를 갖춘 모범 청소년" 식으로 다뤄졌다.

동영도 대단하게 뜻한 바가 있어서 남다른 교육열로 북카페를 차리고, 지역 공동체를 주도적으로 만들어 이끄는 사람처럼 소개되었다. 동영은 그런 기사를 보며 창피해서 어쩔 줄을 몰라 했다. 독서 모임을 이끄는 사람은 엄연히 공무원인 김미경이고, '꿈의 학교'는 그 모임에서 만난 교사 김성학이 주도적으로 이끌고 있으며, 자기는 진행을 도와주고 있을 뿐이라고 말했지만 기사에는 전혀 반영되지 않았다.

"주변 사람들이 볼까 무섭네."

동영이 할 수 있는 것은 정정 보도 요청과 해명밖에 없었지만,

기사가 한참 돌아다닌 다음에야 수정된 탓에 SNS에서 캡처한 것까지 바로잡을 수는 없었다.

서준도 개학해서 학교에 나갔을 때 혹시 이 기사를 봤을 아이들의 반응이 걱정되었다. 텔레비전 뉴스로 한 번 다뤄지기는 했지만, 그때쯤에는 다른 일에 묻혀 잊히기를 바랐다. 그러나 서준의 바람과 달리 SNS를 중심으로 친구 요청이 들어오고, 친구들에 의해 여러 채팅방에 강제로 불려가기까지 했다. 서준은 그 일에 대해 말하기가 부담스러워 반응을 보이지 않았다. 그러자 아이들은 사람이 벌써 변한 거냐고 따졌다.

"누구라도 그렇게 했을 일인데, 너무 화제가 되는 게 부담스러워."

이렇게 말하자, 진짜 엄청난 참사가 났을 때 누군가를 구해 준 영웅의 인터뷰와 똑같다며 친구들이 놀렸다.

"난 네가 진짜 어떤 애인지 알고 있어!"

장난스럽게 던지는 말에도 서준은 상처를 받았다. 대중 매체에서 다룬 것처럼 위대한 존재는 아니지만, 자기가 그렇게 아이들 놀림감이 될 만큼 문제가 많은 존재라고 생각하지는 않았다. 스스로 비참한 존재라고 생각한 적은 있지만 남들이 그렇게 말하는 것은 참을 수가 없어 정색을 하고 다투기도 했다. 그러고 나서야 아이들은 적어도 서준 앞에서는 그 일로 장난을 치지 않았다.

서준이 꿈의 학교 모임에 나갔을 때는 한바탕 폭풍이 휩쓸고 지나간 다음 제자리로 돌아온 것 같은 기분이었다. 그런데 김미경과 김성학이 서준을 특히 대견해하는 눈빛으로 맞아 주어 서준은 부담스러울 따름이었다.

이론 발표와 현장 조사 모임을 한 번 건너뛰고 나서야 서준은 주말 조 모임에 나갈 수 있었다. 박미숙을 빼고 모두 다 나왔다.

"어디까지 진행했어?"

서준이 묻자 모두 야릇한 미소를 지어 보였다. 태희가 대표로 말했다.

"지난번에 내가 말한 것과 준완이가 준비한 것으로 좋은 점수를 받았어. 이제 우리 동네에서 영웅을 찾기만 하면 돼."

"처음부터 그게 가장 큰 문제였잖아. 숨겨진 독립투사라도 발굴해 내지 않는 한, 영웅 찾기에서 좋은 점수를 받기는 힘들지 않을까?"

서준이 고개를 가로저으며 말했다. 그러자 준완이 싱글싱글 웃으며 말했다.

"형, 무슨 말이에요? 우리 동네 영웅이 얼마나 유명한데, 숨겨져 있다니!"

어리둥절해하는 서준을 보며 태희가 덧붙였다.

"우리는 만장일치로 영웅을 찾았어. 걱정하지 않아도 돼. 그냥 차분히 인터뷰만 하면 돼."

"누구? 어디에 사는데?"

조원들은 대답 대신 웃기만 했다. 아니, 웃음을 겨우 참고 있었다. 그 웃음이 누구를 향하고 있는지 너무나 확실히 느껴졌다. 서준은 아이들이 장난을 치는 것 같아 기분이 상했다.

"장난하지 말고. 안 그래도 그 일 때문에 나 완전 상처받았거든.

정말 이럴래?"

그러자 태희가 서준보다 더 정색을 하며 말했다.

"왜 위인이나 영화 주인공만 영웅이어야 해요? 의인도 영웅이 될 수 있는 거잖아요?"

"잠깐만! 난 의인도 아니고 영웅도 아니야. 그냥 누구나 할 수 있었던 일, 아니 누구나 해야만 했던 일을 했을 뿐이야."

"바로 그런 자세가 영웅의 기본이잖아요. 오빠가 전에 '영웅은 영웅이 되려고 하는 시점에서 이미 실격'이라고 말했던 거 기억 안 나요? 영웅이 되기 위해서가 아니라 자신이 마땅히 해야 하는 일, 즉 소명 같은 것이라고 여겼다면 그게 바로 영웅의 출발점인 거잖아요."

태희는 서준이 예전에 〈캡틴 아메리카: 시빌 워〉를 설명하면서 영웅의 기준에 대해서 말했던 것을 기억하고 있었다. 서준은 벌써 지겹도록 생각해 본 문제여서 차분하게 말했다.

"그렇지만 내가 엄청난 위험을 무릅쓴 것도 아니고, 많은 사람을 구한 것도 아니잖아. 네가 그렇게 말하면 오히려 나를 욕하는 지능형 안티가 되는 거야. 백번 양보해서 내가 조금 좋은 일을 했다고 쳐도, 우리가 이야기 나눴던 피푸 봉투 만든 사람이나 〈와즈다〉를 감독한 사람과는 완전 수준이 다르다고."

"잠깐만요. 입으로는 세계 평화를 이야기하면서 주변 사람을 함부로 대하는 슈퍼히어로보다 주변 사람부터 살필 줄 아는 사람이 더 영웅적일 수 있어요."

태희가 말했다. 그러면서 함께 만들었던 영웅의 기준표를 하나씩 짚었다.

"오빠는 아직 청소년이니까, '영웅은 다른 사람의 도움을 받더라도 결국 스스로의 힘으로 새로운 자기를 완성한다.'라는 항목은 아직 판단 보류예요. 하지만 두 번째인 '영웅은 일상적인 평범함과, 위기에 빠졌을 때 툭 치고 나아가는 특별함을 동시에 지니고 있다.'는 말이 되잖아요. 날마다 누군가를 구하고 다니는 슈퍼맨이 아니라 평범한 고등학생으로 살다가 위기의 순간에 어느 누구보다 재빨리 움직였으니까요."

"태희야, 이렇게 따져서 영웅이 아니라고 나오는 게 나를 더 비참하게 만드는 거라고요."

태희는 서준이 더 반박하기 전에 잽싸게 말했다.

"세 번째, '영웅은 모험을 겪으면서 새로운 교훈을 얻고 더 행복한 길로 나아간다.'도 맞아요. 처음에는 멋져 보이려고 무리수를 두는 게 제 눈에도 보였거든요. 그런데 지금은 칭찬해 줘도 그게 아니라고 겸손할 줄 알고……. 오빠가 SNS에 올린 글을 보니, 영웅 신화가 어떻게 만들어지는지 알게 되어 섣불리 빠지지 말아야겠다는 교훈을 얻었다면서요."

서준은 예전에 자기가 잘난 체하려 했다는 태희의 말에 깜짝 놀랐다.

"여자들 눈에는 남자들의 허세가 다 보이거든요. 그나마 귀여워서 봐줄 만은 한 거죠. 절대 멋진 게 아니라."

태희가 예슬에게 눈짓을 보내자 예슬은 눈웃음으로 답했다.

"아니, 그건……."

준완이 나서서 변호하려고 했다. 하지만 이번에도 태희가 말을 막았다.

"됐고! 네 번째가 '영웅은 처음 의도부터 정의로운 일을 생각한다.'인데, 오빠가 유명해지려고 일부러 상황을 만들어서 쇼를 한 건 아니잖아요. 그리고 다섯 번째, 보통 사람이 두려워하는 일을 목숨을 다 바칠 자세로 달려들었고요. 처음에 강사님이 도발했을 때도 그냥 자리를 박차고 나가지 않고 계속 이렇게 꿈의 학교에 참여하는 것으로 봐서 여섯 번째 '사회적 규칙을 따르려 노력하고, 착하고 평화로운 것을 좋아한다.'는 기준도 통과예요."

태희는 말을 빨리한 탓에 숨이 가빠 잠시 숨을 크게 들이마셨다. 서준은 태희 이야기를 들으면서 마지막 이론 강연을 떠올렸다.

영웅과 반영웅과 의인과 위인을 구별하는 강사의 설명이 끝난 뒤 어느 중년 아저씨가 혀를 차면서 질문했다.

"친일파 자손이나 부정부패를 일으킨 사람들, 사회적으로 파장이 엄청난 사고를 저지른 사람들이 뉴스에 나올 때 보면, 자기만 그런 것이 아니라 누구라도 그랬을 거라고 변명하거든요. 큰 비리를 저지른 사람도 자기는 다른 사람들처럼 생계를 위해서 한 일일 뿐이라고 아주 당당하게 말할 정도입니다. 이런 건 도대체 어떤 심리에서 나오는 태도인가요?"

강사가 대답했다.

"의인이나 영웅도 '누구라도 자기와 같은 상황이라면 그랬을 것'이라고 하고, 범죄자도 '누구라도 자기와 같은 상황이라면 그랬을 것'이라고 똑같은 말을 하는 건 당연해요. 그 '누구라도'는 진짜 자기 주변에 있는 어떤 특정한 사람을 가리키는 것이 아니라, 바로 자기 마음속에서 자기 행동과 생각을 내려다보는 또 다른 자아를 말하거든요. 프로이트는 이런 자아를 초자아, 즉 슈퍼 에고(super ego)라고 했어요."

강사는 칠판에 핵심 단어를 적으며 설명했다.

"그러니까 악당과 범죄자는 사회적인 가치에 반하는 초자아를 지니고 있어서, 자기 기준에는 누구나 자기와 같은 행동과 생각을 할 거라고 말하며 자기만 잡힌 것을 오히려 억울하게 여길 수 있지요. 반대로 의인과 영웅은 선량한 사회적 가치에 맞는 초자아를 지니고 있어서 자기만 좋은 사람인 것처럼 드러나는 것을 오히려 부끄럽게 생각하며 겸손해하지요."

태희와 다른 조원들은 지금 서준의 태도를 보면서 그때 강사가 한 말이 어떤 것인지 눈으로 직접 확인할 수 있었다. 그래서 더 흐뭇해했다.

태희가 장난기를 머금고 서준에게 말했다.

"오빠, 마지막 일곱 번째는 솔직히 잘 모르겠어요."

서준은 영웅 기준표를 다시 보았다. 일곱 번째에는 다음과 같이 써 있었다.

"영웅은 역경에 신경 쓰기보다는 이상을 향해 나아간다."

준완이 서준에게 물었다.

"형, 주변의 시선이 신경 쓰여서 자기 안의 영웅 찾기를 포기하려는 거예요? 그러면 일곱 번째 기준에서는 완전 탈락이에요."

준완의 도발에 서준은 움찔했다. 준완이 얄미워서 "아니야."라고 하면 서준 자신이 영웅이라고 받아들여야 하는데, 그것은 양심에 많이 찔렸다. 어쩔지 몰라 우물쭈물하는 사이에 준완이 다시 말했다.

"일곱 번째 기준에서 탈락하면 네 번째 기준도 문제예요. 영웅은 단 한 번 선행을 하는 사람이 아니잖아요. 꾸준히 정의를 고민하고 실천하는 모습을 보여 주는 사람이잖아요. 백 번 잘못하다가 한 번 정의를 실천했거나 자기보다 더 나쁜 놈을 처단해서 결과적으로 정의가 실현되었다 해도, 그래서 반영웅은 영웅이 될 수 없는 거라고 우리가 토론했잖아요. 그러니까 형은 정의롭고 싶지 않은 거예요? 반영웅이 되고 싶은 거예요?"

"누가 누구한테 반영웅이라고 그래?"

"형이 SNS에 올린 글 저도 봤어요."

준완은 스마트폰에 캡처해 둔 서준의 글을 읽어 내려갔다.

"이번에 순간의 선택으로 일본인 가족을 구하고 그냥 좋은 일한 번 한 것으로 넘어갈 줄 알았습니다. 그런데 저처럼 평범한 사람도 매체나 여러 사람의 필요에 따라 영웅으로 충분히 우상화될 수도 있다는 사실을 깨달은 게 교훈이라면 교훈이 아닐까 하는 생각이 드네요. 이제는 너무 완벽하고 좋게 묘사된 것은 잘 믿지 못할 것 같아요. 위인전에 나오는 일화나 정치가, 미담 속 주인공, 스포츠 영웅 등등이요. 그래서 교훈을 얻긴 했지만 세상에 더 실망하게 된 것 같기도 합니다. 그러니 부디 여러분도 너무 지나친 칭찬은 그만해 주세요. 그리고 언론에 나온 과장된 미담도 왜곡 없이 받아들이려고 노력하시면 저처럼 이상한 피해자를 만드는 일은 줄어들 듯합니다."

서준의 글을 꼼꼼하게 듣던 예슬이 말했다.

"오빠! 지금까지는 있는 듯 없는 듯했던 저이지만 분명히 말하고 싶은 게 있어요. 오빠는 어른 중에서 사이비 종교에 빠져 교주를 완벽한 신처럼 모시는 사람이나 특정 정치인을 반인반신처럼 숭배하는 사람을 보면 어떤 생각이 들어요? 그런 사람이 행복하다고 생각하세요?"

"아니, 절대 아니지. SNS에 쓴 것처럼 그렇게 된 인간이나 그렇게 모시는 인간이나 모두 불쌍하다고 생각해."

"그러면 적어도 오빠는 조작에 쉽게 현혹되지 않을 교훈을 얻었잖아요. 덜 불쌍하고 덜 불행해질 지혜를 얻은 셈이잖아요. 그러면 예전보다 좀 더 행복 쪽으로 이동했다고 볼 수 있는 거 아닌가요? 그래서 우리가 그 소중한 교훈을 또 다른 우상화 작업을 할 수도 있는 다른 사람들과 더 널리 나누려고 하는 건데, 왜 오빠 개인적인 문제로 거부만 하세요? 무슨 말을 하면 쪽팔릴까 봐 입을 닫고 있는 저처럼 되고 싶은 거예요?"

서준은 예슬의 말을 듣고 충격을 받았다. 자기가 없을 때 이런 깊은 점까지 토론했다는 것을 그제야 깨달았다.

태희가 덧붙였다.

"우리가 과제를 편하게 하자고 오빠를 몰아세우는 게 아니야. 이게 훨씬 멋진 도전이야. 남이 잘 알아줄 것 같아서가 아니라, 그냥 우리가 그러고 싶어. 그러지 않으면 알면서도 하지 않는 가짜가 되는 것 같아 마음이 불편해. 최고 점수를 받지 않아도 좋아. 결과가 나빠도 우리는 이 방향으로 최선을 다하고 싶어. 그러니 오빠가 좀 도와줘."

서준은 묵묵히 생각에 잠겼다가 시간이 한참 흐른 뒤에 말했다.

"그런 의도라면 우리 동네에서 나처럼, 또는 나보다 더 평범했는데 좋은 일을 하신 분을 찾는 게 더 낫지 않을까? 이 말은, 아까처럼 내가 또 앞으로 나섰다가 상처받을까 봐 하는 말이 아니야. 그 의도에 더 걸맞은 사람을 찾아보자는 뜻이지. 아직 시간도 있으니까."

그때 준완이 끼어들었다.

"역시 형은 편한 길을 그대로 가지 않고 이상을 추구하려는 사람이군!"

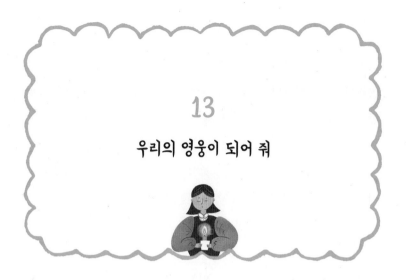

13
우리의 영웅이 되어 줘

한편, 준석은 조원들과 회의를 하고 있었다.

"본격적인 조사에 앞서 우리 동네에서 영웅이 될 만한 사람들 후보 목록을 지난 시간까지 작성해 봤잖아?"

나영은 지난 토론 시간에 정리한 것을 내밀며 말했다.

"독립운동을 한 사람, 독립군에게 자금을 대 준 사람, 민주화 투쟁을 한 사람, 자선 사업을 많이 한 사람, 자기 위치에서 묵묵히 성실하게 일한 사람을 각자 맡아서 수소문해 보기로 했는데, 뭐 건진 것 없어?"

조원들은 고개를 가로저었다. 준석은 서운했다. 태희가 서준의 상태를 확실하게 알아보려고 자기한테 전화했을 때 귀띔해 준 것이 있었기 때문이다. 포용력이 있는 나영이라면 한 번쯤 준석을 숨은 영웅이라고 말해 줄 줄 알았다. 언론에서도 형만 부각하기는 했지만, 최근 가장 가까이에서 준석 자신을 본 나영이라면.

준석은 나영이 자기를 지목하면 할 말까지 준비해 두었다. 겸손하게. 하지만 그럴 기회가 없어서 속상했다. 스스로 못생겼다고 말해도 상대방이 "그래, 너 못생겼어."라고 말하기보다는 "그래도 너는 잘생겼어."라고 말해 주기를 기대하는 심리처럼, 준석이 "내가 한 일은 아무것도 없어."라고 말해도 주변 사람들에게 "아냐, 넌 대단한 일을 했어."라는 말을 듣고 싶었다.

그때 나영이 짐짓 준석을 꼼꼼하게 살피는 척하며 말했다.

"어, 멀리 갈 필요 없었잖아. 여기 우리가 찾던 우리 동네 영웅이 있는데. 형을 도와서 의로운 일을 했잖아."

그 말에 조원들은 저마다 "맞다!" 하며 동의했다. 그러나 진작에 토라진 데다가 "형을 도와서"라는 말에 더 상처를 받은 준석은 시뻘게진 얼굴로 말했다.

"아냐, 나는 영웅 같은 거 싫어."

"영웅 같은 거? 언제 이렇게 영웅이 하기 싫은 하찮은 것이 됐지? 그럼 뭐가 되고 싶은데? 우리에게 너는 벌써 영웅인데. 하긴 영웅은 처음에 자기 소명을 거부하지. 딱 영웅의 패턴에서 봤던 모습 그대로네."

나영이 미소 지으며 말했다. 그래도 준석은 마음이 풀리지 않았다. 딱히 뭐라고 할 말을 준비한 것은 아니지만, 그냥 가만히 있으면 안 될 것 같았다.

"그냥……."

"그냥 뭐?"

"그냥…… 난 행복하게 살고 싶어."

나영은 당황했다. 평소 알던 준석이라면 이쯤에서 못 이기는 척하며 제안을 받아들일 거라 생각하고 장난을 쳤는데, 잘못했다는 생각이 들었다.

"준석이가 영웅이라서 우리는 영웅이라고 하는 거야. 그러니 우리의 영웅이 되어 줘."

"내가 영웅이라고 해도 사람들은 형을 먼저 떠올릴 거야."

나영은 멈칫했다. 언니의 그늘에 가려 있다고 불만을 털어놓던 여동생 가영이 준석의 모습과 겹쳤다.

"네가 형과 함께 멋진 일을 했다고 너의 가치가 줄어드는 건 아니야. 슈퍼히어로는 혼자 움직이거나 아이언맨처럼 혼자 잘났다고 떠들지만, 현실의 영웅들은 자기 말고도 자신을 도와준 사람이 많다고 얘기하잖아."

"그렇지만 형은 영웅이라고 칭찬받을 때도 내 도움을 별로 말하지 않았어."

"맞아. 그러니까 네가 형의 활약을 이야기할 때 더 큰 영웅이 될 수 있는 거야."

"그건 다 정신 승리야."

"일제 강점기에 활약한 독립투사를 다룬 영화나 드라마 본 적 있지? 자기 목숨을 바쳐 큰일을 해내 일본 순사들에게 잡혔을 때도 주변 동료를 걱정하거나 그들을 더 칭찬하잖아. 그게 억지로 끼워 맞춘 정신 승리인 거니?"

준석은 반박할 수 없었다. 그렇지 않다고 생각해서가 아니라,

자기가 그분들을 욕보인 것 같아 마음이 무거워졌기 때문이었다.

"형이 언론의 조명을 받을 때도 뒤에서 전혀 잡음을 내지 않았던 윤준석. 너야말로 정말 우리가 찾던 영웅이야. 자기가 꼭 주인공이어야 한다면서, 자신이 조명받지 못할 것 같으면 좋은 일도 함께하지 않는 이상한 정치가는 너도 싫잖아."

"그놈들은 영웅인 척하는 관심 종자지."

"그래. 하지만 너는 그런 사람이 아니잖아."

나영의 말에 준석은 완전히 무너졌다.

"아냐, 누나. 나도 솔직히 관심받고 싶었어."

준석이 두 손으로 얼굴을 감싸고 고개를 숙이자, 나영은 그 어느 때보다 더 다정하게 말했다.

"그렇지만 너는 관심받고 싶어서 추한 행동을 하지는 않았잖아. 우리는 분명히 기억해. 영웅은 신도 아니고 완벽한 사람도 아니라는 점을. 그리고 완벽해지려고도 하지 않지. 영웅은 그저 자기가 믿는 것을 지키려 싸워 가는 사람이라고 배웠잖아. 너는 유혹을 느꼈을 뿐, 유혹에 넘어간 건 아니잖아."

"아니, 나는 주인공이 아니라면 영웅이 되기 싫다고 벌써 말했는걸?"

"그러면 그런 영웅 말고, 대신 다른 영웅이 되면 되잖아."

"어떤 영웅?"

"네가 말로만 좋아하는 반영웅이 아닌 영웅. 네가 직접 행동으로 보여 준 진짜 영웅으로 살아가면 되잖아."

"계속 사람들을 구하라고?"

"아니, 이번처럼 꼭 목숨을 구하는 게 아니더라도 다른 사람을 위해서 좋은 일도 하고, 어려운 일도 피하지 않으면서 당당하게 행동하면 되잖아. 그러다 보면 네가 원했듯이 행복하게 잘 살게도 될 거고."

잠시 생각한 다음 준석이 말했다.

"그런데 당당하게 행동하고 다른 사람을 위한다는 건 힘든 일이잖아."

"너는 영웅이 되고 싶지 않은 거야, 아니면 되기 힘들 것 같아서 부담을 느끼는 거야?"

준석이 뜸을 들이다가 대답했다.

"두 번째야."

"그래, 그럴 수 있어. 그런데 우리가 책을 읽어 가며 영웅 기준 표를 만들 때 네가 좋은 문구라고 직접 말했잖아."

"어떤 문구가?"

"자기 한계를 뛰어넘어 좀 더 의미 있는 것을 꾸준히 실천하려고만 해도 영웅이 될 수 있다는 말."

준석이 가슴속에서 불이 당겨지는 것 같았다.

"너는 그 힘든 일을 벌써 했잖아. 그리고 너 자신이 어둡게 만든 마음까지도 당당하게 말하고 이겨 냈어. 그러니까 이미 영웅의 길에 들어선 거야. 부담된다고 하면서 벌써 하고 있다고. 아무것도 하지 않으면서 큰소리나 치는 내 또래 남자아이들이나 어른들이 너만 같아도 나는 참 좋겠다."

나영의 말에 준석은 더 큰 용기를 얻었다.

"우리가 역사 시간에 배웠던 청소년들은 참 다르지 않니? 너도 일제 강점기의 광주 학생 운동이나 4·19, 5·18 등 현대의 주요 사건 때 제 목소리를 내고 시국 선언을 하고 적극적으로 참여한 중고등학생들을 존경하잖아."

"그렇지."

"그런데 당시 그 사람들이 반드시 후대의 교과서에 실릴 정도로 영웅이 되겠다고 생각해서 그 일을 벌인 걸까? 가만있기보다는 좀 더 의미 있는 행동을 하려다 보니 그런 영웅적인 행동까지 한 거지. 어쩌면 촛불 집회에 참여한 청소년들도 후대에 그런 영웅으로 기록될지 몰라."

나영의 말에 준용이 준석의 어깨를 툭 치며 말했다.

"지금 우리는 형을 그런 영웅으로 기록하고 싶은 거라고요."

14
우리, 영웅

모두 열한 개 조에서 각각 찾은 영웅을 발표했다. 발표 순서는
공평하게 제비뽑기로 결정했다.

첫 번째 조는 "우리 동네에서 초등학교부터 고등학교까지 나와
좋은 대학을 졸업한 뒤 국회 의원을 두 번이나 지낸 인물"을 영웅
으로 발표했다. 그 발표 때 "국회 의원 하기 전에 분양 사기를 저
지른 범죄자"라는 말 등 비아냥거리는 소리가 나왔지만, 그럴수
록 발표자 학생은 그의 치적을 줄줄 읊었다.

두 번째 조는 "가난한 환경을 무릅쓰고 돈을 많이 벌어 기부도
많이 하는 기업가"를 발표했다. 그러나 이번에도 그 사람이 국회
의원 예비 후보에 여러 번 나온 사람이라 진실성이 의심스럽다는
불만 섞인 소리가 여기저기에서 터져 나왔다.

이런 분위기에서 서준은 도저히 자기 자신을 영웅이라고 발표

할 수 없었다. 그래서 꼭 조장이 발표하지 않아도 된다는 것을 확인한 다음 태희에게 부탁했다. 태희는 기꺼이 자기가 발표하겠다고 했다. 단상으로 올라간 태희는 예전에 서준을 설득했던 순서대로 왜 서준이 영웅이 될 수 있는지를 조목조목 말했다. 처음에는 야유가 조금 나오기도 했지만, 앞의 사람들보다는 확실히 더 긍정적인 반응을 얻었다.

네 번째 조는 "오랜 세월 가난과 병마와 싸우다 가족을 먼저 다른 세상으로 보냈지만 힘든 일을 모두 견뎌 내고 자원봉사까지 하고 있는 봉사 단체의 최고령 할머니"를 영웅으로 발표했다. 이때는 다들 공감을 표시했다. 영웅의 조건을 그 할머니가 모두 충족했기 때문이었다.

그다음 다섯 번째로 나온 나영이 준석을 영웅으로 소개하며 발표할 때는 태희가 발표할 때보다 야유가 적게 나왔다. 오히려 준석이 자신의 선행이 제대로 인정받지 못하고 형에게만 관심이 쏠려 억울할 수도 있었는데 의젓하게 잘 참았다고, 진정 숨겨진 영웅이었다고, 더 크게 응원하는 사람이 많았다.

그다음으로 "전통 가업을 잇는 3대 가족" 등이 소개됐는데, 이미 분위기는 봉사 단체 최고령 할머니를 발표한 네 번째 조로 확 기울어 있었다. 하지만 10회까지의 모든 점수를 반영한 결과, 종합 1위는 나영네 조, 2위는 서준네 조로 정해졌다. 잠시 쉬는 시간을 가지며 진행팀이 시상 준비를 했다.

상장에는 조원 이름이 모두 적혀 있었다. 진행자가 소감을 묻자 서준과 나영이 서로 미루는 틈에 준완이 나섰다.

"아깝게 2등을 했지만, 더욱 심기일전하여 제 앞에 조장 이름으로 적힌 서준 형을 뛰어넘어 한국, 아니 세계의 영웅 박준완으로 찾아오겠습니다."

오늘의 발표를 지켜보고 시상까지 마친 시장은 청소년답게 포부가 크다고 칭찬했다. 준완이 시장과 따로 사진을 찍는 동안 태희는 특별히 서준과 기념사진을 찍었다. 준석이 나영과 따로 사진을 많이 찍은 것처럼.

준석은 나영 앞에서 더 의젓한 남자인 척했다. 서준은 여학생들이 말한 '멋있으려 하지만 귀엽기만 한 모습'이 무엇인지 준석을 보고 느낄 수 있었다. 그래서 서준 자신은 진실한 모습으로 멋질 수 있는 길을 찾아야겠다고 생각했다.

모든 시상 절차가 끝났다. 진행자가 마무리하는 말을 하려고 할 즈음 강사가 할 말이 있다고 외쳤다.

"영웅이 없는 사회가 불행한 것이 아니라 영웅을 필요로 하는 사회가 불행한 사회다."

마이크가 없는데도 또렷이 잘 들렸다. 잠시 말을 끊었다가 덧붙일 때 마이크가 전달되자 강사는 더 여유롭게 말했다.

"독일의 문학가 베르톨트 브레히트의 희곡「갈릴레이의 생애」에 나오는 말로, 갈릴레이가 법정에서 제자와 주고받는 대사입니다. 정의롭고 평화로운 시대이면 굳이 영웅이 필요하겠습니까?

특히 영웅이 신분을 감추고 등장할 필요가 뭐가 있겠습니까? 영웅이 절실하다는 것은 그만큼 문제가 있는 사회라는 뜻이지요. 사실 이번 기회를 통해 영웅에 대한 생각이 잘못된 것이 아니라, 영웅을 바라는 심리부터가 잘못된 것이라는 생각을 하실 수 있었으면 합니다."

강사는 그 말을 끝으로 작별 인사를 했다.

준완은 갸우뚱거리며 강사가 한 말을 다시 곱씹었다. 그러나 서준과 준석은 그 말이 무슨 뜻인지 잘 알고 있었다. 강사는 강연에서 이렇게 말했었다.

"반영웅을 좋아하는 심리의 바탕에 자리 잡은, 사회에 대한 부정적인 생각이 사실은 영웅을 바라는 마음에도 작동하고 있었던 겁니다. 따라서 우리는 그냥 바람직한 영웅이라고 말하기보다는 대체 어떤 영웅을 바라는 것인가부터 생각해 봐야 합니다."

그러면서 강사는 영웅의 뜻을 풀이해 줬다.

"영웅의 영(英)은 초목의 꽃, 웅(雄)은 짐승 가운데 뛰어난 존재를 뜻해요. 두 글자 모두 다 멋지고 탁월한 것을 표현하지요. 영어인 히어로(hero)는 그리스 신화에서 '보호자', '구해 주는 손'이라는 의미였어요. 어떤 사전은 영웅을 '멋짐'이나 '구원'보다는 전사의 이미지인 '새로운 질서나 사상을 위해 싸우는 통찰력과 용기를 지닌 사람'으로 정의하기도 하고, 철학자의 이미지로 '남다른 용기와 재능, 지혜로써 보통 사람들과는 다른 경지에 다다르는 비범한 사람'이라고 설명하기도 합니다. 그런데 저는 다양한 정의 중에서 프로이트가 말한 영웅의 정의가 가장 적절하다고 생각합

니다."

그때 강사가 손을 벌리면서 선언하듯 말한 장면이 지금도 서준과 준석의 눈에 선했다.

"영웅은 특별한 존재가 아니라 사람들의 잠재의식에 깊이 도사린 이름 모를 불안감과 콤플렉스가 객관화해서 만들어진 환상이다."

서준과 준석은 다른 조원들이 왜 자기들을 영웅으로 뽑았는지 함께 토론하면서 이 말을 더 잘 이해하게 되었다.

"바라는 일이 이뤄지지 않을까 싶으면 불안하지요. 또 콤플렉스는 현실 상황에서 자기가 원하는 것을 마음대로 쉽게 얻을 수 없다는 것을 알면서도 뭔가를 꼭 이루고 싶거나 얻고 싶어 하는 것을 멈추지 않지요. 즉 원하긴 하지만 원하는 대로 할 수 없는 답답함이 있는 사람들은, 능력자가 나타나서 그 답답함을 대신 해결해 주기를 바라는 거예요. 그런 능력자의 모습에서 대리 만족이라도 느끼려고 하지요. 그래서 영웅 이야기가 역사적으로 넘쳐나는 겁니다."

"맞아요. 영웅에도 현실을 벗어나려는 일반인들의 마음이 작용하고 있지요. 그리고 요즘처럼 다양한 위인전과 영화, 드라마, 강연 등에서 이상화한 영웅이 나타나는 것은 그만큼 사람들이 답답한 삶을 살고 있다는 증거이기도 합니다."

김성학이 끼어들었고, 강사는 말을 이었다.

"맞아요. 사극만 봐도 그래요. 고구려의 전성기나 이순신 장군 같은 영웅이 나오는 사극에 시청자가 열광하는 이유는 지금 강대국의 틈바구니에서 제대로 기를 펴지 못하는 현대 한국의 답답함을 풀고 싶어 하는 마음이 작용하기 때문이에요. 그래서 그런 사극에는 다른 나라 사신이 와서 우리나라 왕에게 깍듯이 머리를 조아리거나 신나게 전쟁하는 장면이 많이 나오지요. 지금 후대에 과거보다 훨씬 더 잘나가고 싶은데 그러지 못하는 데서 오는 콤플렉스를 노리고 만들었다고 할 수 있어요."

강사가 던진 다음과 같은 질문이 인상 깊었지만, 서준과 준석은 스스로 경험하기 전까지는 그 의미를 잘 몰랐었다.

"몇몇 엘리트만 올바르고 나머지는 그들이 지시하는 대로 움직이는 것을 당연하게 여긴다면 그것은 민주 사회의 성숙한 시민이 아닙니다. 스스로 노예라고 생각하는 것이지요. 사람들이 어떤 영웅 아래 단결해서 그 사람 말을 잘 따라 잘 사는 사회가 좋은 사회일까요, 아니면 그런 영웅 없이 사람들이 의로운 행동을 해서 잘 사는 사회가 좋은 사회일까요?"

그때 준용이 재빨리 말했다.

"첫 번째 사회요."

"어허, 큰일이네. 그렇게 주장하고 나선 사람 중에는 히틀러가 있거든. 너 히틀러가 좋니?"

"아니요."

"히틀러는 자기를 독일식 이상 사회를 만들 영웅으로 포장해서 자기 말을 따르면 모든 것이 잘될 것처럼 말했어. 히틀러 말고도 많은 독재자들이 자기를 영웅으로 믿게 만들었지. 북한의 김일성 부자는 자기들만 영웅 칭호를 쓴 게 아니라 자기를 잘 따르는 사람들에게 마구 나눠 주면서 그렇게 살면 좋은 사회가 될 거라고 했어. 한국도 그냥 잘 먹고 잘살게 해 주면 독재도 좋다며 독재자를 영웅으로 만들려고 한 적이 있지. 그런데 그게 정말 좋은 일일까?"

"아뇨, 절대 아니지요."

"그래. 현대 사회는 아주 복잡해. 몇 사람의 힘으로만 움직일 수 없는 거야. 여기 조 모임도 조장이나 조원이 설계한 대로 움직이지 않잖아. 더구나 시커먼 속내를 숨기고 설계한다면 사람들의 진심 어린 참여를 이끌어 낼 수 없기 때문에 결국은 문제를 빚게 되어 있어. 전체 구성원의 협조가 없으면 원하는 결과를 낼 수 없는 게 요즘 세상이야. 그래서 성숙한 민주 시민이라면 적극 참여해야 한다는 말이 나오는 거지. 투표든 공동체 활동이든 간에 말이야."

청소년들이 잘 이해하지 못한 것 같자 강사는 덧붙였다.

"영화나 위인전에서 본 것처럼 앞을 내다보고 문제 해결에 필요한 모든 능력을 갖춘 영웅 따위는 없는 거야. 아니, 그런 능력을 갖춘 사람이 있더라도 복잡 다양한 현대 사회의 문제를 시원하게 해결할 수는 없어요."

서준과 준석은 거의 전지전능한 슈퍼히어로들이 〈캡틴 아메리카: 시빌 워〉처럼 나중에 또 다른 갈등의 불씨가 되었던 것을 떠올렸다.

준석이 물었다.

"그럼 도대체 어떻게 해야 하는 건가요?"

"영웅에 대한 정의부터 명확히 해야지."

"어떻게요?"

"복잡 다양한 세상이라면 영웅에 대한 정의도 복잡 다양할 수밖에 없다는 점부터 받아들여야 합니다."

서준과 준석은 강사가 마지막에 각자 찾은 영웅을 발표하고 영웅에 관한 이야기를 하게 했던 이유를 이제야 이해할 수 있었다. 강사는 말도 안 되는 정치인이나 기업가를 영웅이라고 하는 아이들에게도 틀렸다고 하지 않았다. 오히려 자기가 강연 때 말한 내용이나 책에 쓴 내용을 그대로 말할 때 더 매섭게 비판했다.

서준과 준석은 강연장을 나가는 강사를 따라갔다.

"선생님, 감사합니다."

"나야말로 멋진 영웅 형제를 이렇게 가깝게 만날 기회를 얻어서 감사하지."

서준이 가볍게 말하는 강사를 보며 진지하게 말했다.

"어쩌면 선생님이야말로 우리 동네를 찾아 주신 영웅이세요. 선생님 자신이 욕먹을 것을 각오하면서 목표를 찾아 꾸준히 나아가셨으니까요."

"아니야."

서준과 준석은 강사가 다른 영웅처럼 겸손하려고 하는 말인 줄 알았다. 다음 말을 하기 전까지.

"사람들이 그렇게 욕할 줄 모르고 한 거야. 알았으면 안 했어. 이게 이번 도전에서 내가 얻은 교훈이지. 욕 많이 먹어서 너무 오래 살지 않으려면 다음에는 좀 더 부드럽게 하려고."

역시나. 둘은 가벼운 발걸음으로 사라지는 강사의 뒷모습을 웃으며 바라보았다.

*

동영의 북카페에서 서준과 나영네 조원들, 그리고 서준의 친구 민성, 성규가 모여 뒤풀이를 했다. 저마다 소감을 이야기하다가 영웅에 대한 생각으로 화제가 옮겨 갔다.

준완이 맨 먼저 나섰다.

"저는 자료를 조사하다가 프랑스의 사상가이자 문학가 로맹 롤랑이 영웅을 정의한 말에 감명받았어요."

"그게 뭔데?"

서준은 부정적인 느낌이 전해지지 않게 조심하며 물었다. 준완은 강사가 했던 것처럼 선언하듯 말했다.

"영웅이란 자기가 할 수 있는 일을 하는 사람이다."

여전히 준완은 자기가 얻은 지식을 멋지게 자랑하려 들었다. 그래도 서준은 가만있었다. 하지만 준완과 동갑인 준석은 참지 않았다.

"뭐? 영웅은 자기가 할 수 없다고 생각한 일도 하는 사람 아닌가? 그래서 처음에는 소명을 거부한다고 말했잖아. 〈반지의 제왕〉의 프로도도 처음에는 간달프의 부탁을 거절하잖아."

"하지만 결국에는 하지."

"에이, 그건 억지지. 자기가 할 수 있으니까 한다고 한 게 아니라, 할 수 없는 일인데도 나선 거야. 영웅은 3인칭이 아니라 그 영웅 당사자인 1인칭으로 봐야 우리가 직접 영웅이 될 수 있어. 그러지 않으면 멋진 영웅들 이야기나 신나게 하다가 자기 인생은 형편없이 사는 사람이 되기 쉬워."

준완은 준석이 게임에 빠져 공부 못하는 애라고 무시했지만 이번에는 더 밀어붙일 수 없었다. 강사가 했던 말도 준석의 말과 비슷했기 때문이다. 준완은 변명처럼 말했다.

"강사님이 저마다 영웅의 정의는 다르다고 했잖아."

"그래. 하지만 너는 지금 네 정의를 말한 게 아니잖아."

"그러면 네 정의는 뭔데?"

회심의 반격을 했다고 준완은 생각했다. 그런데 그게 아니었다. 준석은 기다렸다는 듯이 말했다.

"나도 강사님이 추천한 책에서 이런 말을 봤어. '누구나 영웅처럼 살고 싶다고 마음속 깊이 느낀다.' 독일의 심리학자이자 철학자 에리히 프롬이 쓴『소유냐 삶이냐』에 나오는 말이래. 사실 그 글이 아니라 내 마음만 봐도 쉽게 알 수 있던 것이기는 해."

"아, 그건 나도 봤어. 그리고 그 말에 네 마음이 흔들렸다는 건 네가 중2병에서 벗어나지 못했다는 뜻이나 마찬가지잖아."

"뭐, 그럴 수 있지. 하지만 강사님은 사람들이 중2병이 아니라 그런 영웅이 되고 싶은 마음에서 대리 만족용으로 히틀러에게도 자발적으로 복종했다는 사실을 지적하려고 인용한 거야. 네가 읽었듯이 말이야."

준석의 말에 준완은 입술을 안으로 꼭 말아 넣었다.

"나는 그 말을 따로 떼어서 다르게 생각해 봤어. 그 결과 다른 생각이 떠올랐지."

"그게 뭔데?"

나영이 기대에 찬 눈으로 바라보자, 준석은 목소리를 더 깔고 힘주어 말했다.

"누구나 영웅처럼 살고 싶은 마음을 자기 자신이 실천하려고 하면 그 사회가 아주 긍정적이 될 거라고 생각했어. 그런데 중요한 것은 영웅의 요소를 억지로 실행하는 게 아니야. 그러면 가짜가 되기 쉬워. 자신이 원하든 원하지 않든 말이야."

준석은 서준과 눈빛을 주고받았다. 하지만 그사이 나영은 다른 사람들을 떠올렸다. 대한민국 과학의 발전과 전체 이익을 위해 희생하는 영웅인 척했던 황우석 박사, 우주인 사업에 자신의 인생을 걸겠다고 하다가 결국 다른 길을 간 사람, 대통령 후보로 나와 좋은 이야기를 많이 했지만 결국 부정부패를 저지른 정치가 등등을.

"나는 강사님 말처럼 위대한 영웅이 나타나기를 기다리기보다는 자기 자신이 실천할 수 있는 일을 찾는 게 더 올바르다고 생각해. 그래서 나는 '영웅은 우리다.'라고 정의하고 싶어."

"형, 그건 살짝 중2병 같은데요?"

준용이 말하자 준석이 타이르듯 말했다.

"잘 들어 봐. '영웅은 나다.'라고 한 게 아니라 '영웅은 우리다.'라고 했어. 촛불 집회 때 많이 나온 '국민이 주인이고, 영웅이다.'라는 말처럼."

그 말에 모두들 고개를 끄덕였다.

나영이 말했다.

"나도 준석이 말에 찬성해. 역사책에 나오는 위인이 되지 않고, 의인이 되는 것으로도 충분히 영웅이 될 수 있어. 그리고 우리가 의로운 일을 해서 세상이 인정하는, 아니 자기 자신에게 당당한 영웅이 될 수 있다는 것은 서준이와 준석이가 잘 보여 줬잖아."

"누나, 그래도 솔직히 형들이 위인전에 나오는 영웅 같은 건 아니잖아요?"

"위인전에 나오는 게 모두 다 사실일까? 너도 이번 서준이와 준석이 일을 보면서 과장되어 이야기되기도 한다는 것을 알았잖아. 이런 일에도 이 정도면 더 큰 인물에게는 더 큰 과장이 들어갔을 수 있지 않을까?"

"그렇지만 그 많은 사람들이 전부 바보도 아니고, 그렇게 속고만 있으려구요?"

"북한 사람들은 김일성과 김정일이 최고 영웅이라고 배우잖아. 물론 안 믿는 사람도 있지만, 믿는 사람들도 있어. 북한만의 문제가 아니야. 강사님이 말했듯이 세상 사람들은 자기 답답함을 풀기 위해서, 또는 어느 특정 세력의 필요나 욕망에 따라 만들어진 우상에 의해서 영웅을 자꾸 바꿔. 어떤 때는 역사적인 위인이, 어떤 때는 과학자가, 어떤 때는 스포츠 인사가, 또 어떤 때는 연예인이 역할 모델로 부각되지. 이런 식으로 바뀔 때마다 휙휙 인생의 길을 바꾼다면 어느 목적지에도 제대로 도달하지 못하고 다른 사람의 삶만 정신없이 구경하다 만 것 같아질 거야. 그래서 나는 준석이의 정의에 동의해."

"어라, 그래도 각자 정의해 보기로 한 거잖아. 누나는 어떻게 정의할 건데? 준석 형에게 묻어가려 하지 말고."

준용이 깐죽거렸지만 나영은 인내심을 발휘해서 말했다.

"영웅은 작은 발걸음이라도 자기의 길을 가는 사람이다."

"자기의 길?"

"그래, 그래서 저마다 영웅의 정의가 다를 수 있는 거야."

태희와 서준은 나영의 말에 크게 공감을 나타냈다. 그런데 계속 가만있던 준완이 심기일전해서 나섰다.

"하지만 우리는 아직 학교에 다니고 있어서 자기 길이라는 것을 정하지 못했는데? 그리고 그 길을 정했어도 가기 힘들다고."

"아니, 내가 한 말을 잘 들어 봐. 작은 발걸음이라도 내딛는다는 말."

나영이 단호하게 말했다.

"길을 정하지 못했다고? 길은 발걸음을 떼면서 정할 수도 있지. 너는 이 영웅 찾기를 할 때 처음부터 모든 것을 정해서 움직였니? 그리고 그 길대로 갈 수 있든? 어차피 계획대로만 할 수 없다면 일단 길을 가 보는 것도 방법이야."

"그건 너무 무책임한 선택이에요. 결과가 어떻게 될지도 모르는데."

"결과를 알 수 없어서 두려워? 그러면 네가 확실히 좋아하는 것부터 출발하면 어떨까?"

"네?"

"네가 좋아한다고 느끼는 것부터 시작해. 지금 좋아하는 것은 일단 확실하잖아."

"그게 무책임하다는 거예요. 그냥 좋아한다고 막 하려는 거요."

"네 인생의 주인공인 네가, 자신이 좋아하는 것을 실천하는 게 왜 무책임한 선택이지? 오히려 자기 인생의 행복을 위해 도전하며 책임을 다하는 거 아냐? 그리고 누가 막 하래? 영웅처럼 하면 되지. 처음에는 보잘것없고 자신의 가치를 믿지 못했지만 꾸준히 길을 가서 결국 행복을 얻는 영웅!"

나영이 진심을 다해 말하는데도 준완은 삐죽거렸다. 그러자 나영은 오히려 여유롭게 말했다.

"힘든 장애물이 있다고 피하려는 마음을 품으면 그건 영웅의 조건에서 탈락하는 거지. 지금 우리가 말하는 게 겁쟁이의 조건이었나? 난 영웅의 조건인 줄 알았어. 그리고 너도 그런 영웅이 되고 싶은 거잖아."

준완은 잠자코 있다가 드디어 고개를 끄덕였다. 그때 태희가 말했다.

"나는 영웅이란 자기 한계가 뭔지 알고 있어도 다른 사람들을 위하는 마음이 그보다 더 커서 한계를 뛰어넘게 되는 사람이라고 생각해요. 그렇기 때문에 소방관, 경찰관, 군인, 교사 등의 직업에 종사하다가 미담의 주인공이 된 사람에게 영웅이라는 말이 자연스럽게 붙는 거겠지요. 그래서 지금은 자기 길을 가지 못하겠다고 말하는 준완이도 걸음을 옮기는 그 순간부터 영웅이 될 수 있다고 생각해요."

태희가 준완의 손을 잡아 주었다.

"준완아, 너의 도전을 응원할게. 나도 막 두렵고 그랬어. 넌 나보다 가진 게 더 많으니 더 잘할 거야."

태희의 그런 모습을 보며 서준이 말했다.

"나는 영웅이란 나와 너에 대해 올바른 생각을 하는 사람이라고 생각해요. 욕먹을 각오를 하고 상대방을 위해 쓴소리도 해 주고, 의기소침할 때는 위로의 말도 건네는 사람 말예요."

이렇게 말하는 서준을 보며 태희가 환한 미소를 날렸다.

예슬은 부끄러워하며 말했다.

"저는 영웅은 엄마나 아빠 같은 사람이라고 생각해요. 멀리 있거나 책에만 있는 위인이 아니라, 바로 우리 옆에서 우리에게 필요한 게 무엇인지 꼼꼼하게 살펴 주는 사람이요."

모두 고개를 끄덕였다.

이어서 재윤이 말했다.

"저는 영웅은 위인이 아니라 의인이라고 생각해요. 바로 우리가 노력하면 될 수도 있는 존재요. 여기 용감한 오빠들처럼."

준석은 아무리 애를 써도 입가에 미소가 번지는 것을 숨길 수가 없었다.

이번에는 준용이 말했다.

"저는 만화 〈원피스〉의 주인공들이야말로 진정한 영웅이라고 생각해요. 실패해도 좌절하지 않고 모험을 계속해 나가니까요."

민성이 눈치를 보다가 말했다.

"좋은 것은 앞에서 다 말했기 때문에 제가 할 말이 없네요. 저는 힘든 일을 피하지 않는 사람이 영웅이라고 생각해요."

"너 지금 영웅을 정의하기가 힘들다고 대충 피하는 거 아냐?"

성규가 민성의 어깨를 툭 치며 말했다.

그때 세미나실 문을 살짝 열어 놓고 흐뭇한 마음으로 이야기를 듣고 있던 동영이 들어와 말했다.

"영웅의 정의, 다들 멋지게 하고 있군!"

"아저씨는 어떤 정의가 가장 좋아요?"

태희가 물어보자 동영이 대답했다.

"어차피 정답은 없어. 하지만 더 좋은 답은 있을 수 있지."

"그 답이 뭔데요?"

준석이 물었다.

"지금 너희가 저마다 찾은 답과는 다른 답."

"그러니까 그게 뭐냐고요."

"벌써 말했잖아. 다른 답!"

"네?"

모두들 합창하듯 말했다. 그러자 동영이 웃으며 대답했다.

"너희도 경험했잖아. 예전에 알고 있던 것과 다른 것을 알게 됐을 때 사람은 성장하게 된다는 거 말야."

동영의 말에 서준과 준석은 가슴속을 뜨겁게 달구는 뭔가를 느꼈다. 동영은 아들들뿐만 아니라 다른 아이들을 위해 목소리에 힘을 주어 말했다.

"자기가 영웅이라고 생각했던 것이 사실은 영웅이 아니라고 생각하게 됐거나, 영웅이 되기 위해서 더 세밀한 조건이 있다는 것을 알게 된다면 더 성장했다고 할 수 있겠지. 오늘 다른 사람들이 말한 영웅의 정의보다도 자기 자신의 영웅의 정의를 더 세밀하게 따져서 바꿔 보려고 한다면 더 좋은 답을 얻을 수 있을 거야."

동영의 말에 아이들은 천천히 고개를 끄덕였다.

"이제 우리 모임은 끝인 건가요?"

재윤의 질문에 아무도 선뜻 대답하지 못했다.

"제가 내내 소극적으로 지내서 저 자신에게 아쉽고 화가 나요. 다시 기회가 생긴다면 지금보다 적극적으로 정말 잘하고 싶어요."

동영이 재윤을 바라보며 말했다.

"정말 잘할 거야?"

"네, 잘하고 싶어요."

"아니, 생각만으로 하고 싶은 게 아니라 실제 행동으로 잘할 거냐고."

잠시 생각에 잠겼다가 재윤이 대답했다.

"정말 잘할 거예요. 새로운 기회가 주어진다면 다른 모습을 보여 줄게요."

"좋아. 그러면 다음 꿈의 학교 주제는 너희가 직접 기획해서 신청해 보는 게 어떨까? 서류 작업은 어른들이 도와줄 테니."

"안 돼요."

서준이 단호하게 말했다. 동영과 아이들은 실망이 가득한 눈으로 서준을 바라보았다.

동영이 물었다.

"이제 고3이 돼서 그러는 거니?"

서준이 눈빛을 반짝이며 말했다.

"아니요. 어른들의 도움은 필요 없어요. 일단은 우리끼리 해 볼게요."

준석, 태희, 나영, 재윤, 상규, 민성도 같은 마음이었다. 무슨 일을 할지는 모르지만 준용과 예슬도 새로운 시작이라는 말에 마음이 들떴다. 슬그머니 이것저것 계산해 보던 준완은 머릿속에 떠오르는 생각을 떨쳐 버리려는 듯 고개를 세차게 흔들었다. 그리고 저마다 시차를 두고 똑같이 말했다.

"저도 할래요!"

그 모습을 보며 동영은 감동했다. 그리고 모임의 마지막이 아닌 새로운 모임의 성공을 기원하며 세미나실을 나와 문을 닫았다. 엿듣기 위한 틈도 남기지 않고.

나의 영웅 도전기

중학교 때 나는 참 지질했다. 몸도 왜소하고, 심약하고 겁이 많았고, 공부도 못했다. 내가 겪는 일상은 빈틈없이 뭔가에 꽉꽉 눌려 있는 것만 같았다. 그럴수록 나와 다르게 어려움을 딛고 일어나는 영웅 이야기에 빠져들었다. 〈스파이더맨〉, 〈육백만 불의 사나이〉, 〈원더우먼〉, 〈맥가이버〉, 〈에어울프〉, 〈전격 제트작전〉 등등 텔레비전 드라마를 꼭 챙겨 봤다. 영화는 범죄자가 정의로워 보이기까지 하는 홍콩 영화를 주로 보았다. 영웅이건 반영웅이건 악당이건, 현실의 어려움만 이겨 내면 다 멋져 보였다. 그리고 그런 영상을 볼 때마다 그런 사람이 되고 싶었다. 참으로 절실하게.

그래서 책도 주로 위인전을 읽었다. 이순신, 세종대왕, 링컨, 카네기, 간디 등등. 모두 나와는 달리 훌륭하고 흥미진진한 삶을 살았다. 그리고 무엇보다도 완벽했다. 불량품으로 여겨지던 나 자신과 너무도 다르게. 내 자존감은 늘 바닥에 머물러 있었다. 그런 만큼 책을 읽을 때는 마치 내가 그 인물이 된 것처럼 생각하며 가슴이 아주 후련해졌다. 그렇게 나는 마약에 탐닉하는 것처럼 위인전과 영화와 드라마에 빠져 지냈다. 답답한 현실은 내가 사는 세상이 아니었다. 내가 전혀 참여할 수 없는 곳에 있는 세상을 진짜 내 세상이라고 생각했다.

그러다 고등학교 1학년 때 사건이 생겼다. 그때 나는 공부는 뒷전이었다.『뭘 해도 괜찮아』의 주인공 태섭이처럼 007 같은 국제적인 스파이이자 바람둥이가 되겠다는 망상 속에 해외 펜팔을 하고 있었다. 캐나다, 독일 등지에 사는 여학생들의 마음을 사로잡기 위해 온갖 시적인 표현을 써 가며 영어로 편지를 썼다. 우연히 그 모습을 본 전교 1등이 나를 비웃었다. 나는 내 순수한 열정이 비웃음당했다고 여기고 영화에서 본 영웅처럼 녀석에게 반격을 했다. 그리고 공부로도 묵사발을 내 줘야겠다고 결심했다.

드디어 나는 넉 달 뒤에 치른 전국 모의고사에서 전교 1등을 했다. 그리고는 전국 등수가 곧 단위를 바꿔 충남에서도 최상위권에 들게 되었다. 이제 나는 나 자신에게 특별한 능력이 있다고 생각했다. 나 자신이 공부를 못하는 사람의 희망 아이콘, 어려움을 금세 극복하는 영웅처럼 느껴져 마음대로 살았다. 학생 신분에 어울리지 않는 음주 가무를 즐기기도 하고, 방과 후 자습도 멋대로 빠지고, 고등학교 3학년 후반에는 아예 학교에 나가지도 않았다. 그래도 나는 특별하니까 영화나 드라마에서처럼 좋은 결과가 나올 거라고 생각했다.

그러다 대학에 떨어졌다. 동급생이나 선생님들의 진심 어린 위로는 받지 못했다. 동창들에게 나는 영웅이 아니라 악당 또는 반영웅이었다. 당시 나는 스스로를 그저 불량품처럼 느꼈지만.

나는 다시 영화와 드라마와 위인전을 봤다. 그러나 스물이 넘어 내 앞에 펼쳐지는 현실은 내가 그 마약 같은 세상에만 젖어 있지 못하게 했다. 청소년 때보다 내가 책임져야 할 일이 많았기에, 눈을 감고 귀를 닫고 다른 세상에 처박히려 할수록 더 큰 고통이 따랐다. 그 순간 영웅처럼 강인하게 나 자신을 단련하겠다며 군대에 갔다. 하지만 나는 특수 부대원으로서 특별한 능력을 보이지는 못하고 제대했다. 그리고 다시 대학으로 돌아왔다. 심리학을 진지하게 공부하며 알게 되었다. 영웅이 아니어도 충분히 현실을 이겨 내며 행복할 수 있다는 사실을.

요즘 청소년들을 상담하다 보면 단번에 뭔가를 바꿀 수 있다는 비현실적인 생각을 자신감이라고 여기는 학생을 심심치 않게 만나게 된다. 예전의 나처럼. 그리고 때로는 주목받기 위해 학생 신분에 어울리지 않는 나쁜 일을 하는 경우도 보게 된다. 역시 예전의 나처럼. 현실이 불만족스러울수록 누가 대신 해결해 주기를 바라는 사람, 사회적인 문제를 영웅이 대신 해결해 주기를 바라는 사람도 만나게 된다. SNS나 광장에서 만나는 사람들처럼. 나는 이 모든 사람들에게 해 주고 싶은 이야기가 떠올랐다.

평소에도 나는 만약 내가 올바른 영웅관을 세웠다면 내 인생이 어떻게 되었을까 생각해 왔다. 그 생각은 요즘 청소년들이 바람직한 현실적 역할 모델로서의 영웅관을 갖추면 어떨까 하는 데로 이어졌다. 행복과 성장을 더 쉽게 이룰 수 있는 지점이 보였다. 세대가 달라져 이 청소년들이 사회의 대표자를 뽑을 때 도움이 될 수 있을 것이라는 생각도 들었다.

영화와 드라마, 위인전 따위에 나오는 영웅적 주인공들은 처음에는 좀 불완전하더라도 결국 완벽해진다. 영웅은 영웅으로서의 삶을 누려야 하기 때문이다. 그런데 현실에서는 그들이 우리와 마찬가지로 불완전할 수 있다는 사실은 일부러 외면한다.

링컨이 개인적으로 흑인을 어떻게 다뤘는지, 간디가 자기 자녀를 제대로 길러 내지 못해서 가정불화가 얼마나 심했는지에 대해 언급하는 위인전은 거의 없다. 왜? 영웅은 완벽해야 하니까. 완벽하지 못한 나 자신과는 완전히 다른 존재여야 하니까. 왜? 내가 그런 완벽한 존재가 되고 싶으니까 영웅에게 투사하는 것이다. 자기가 되고 싶은 사람이 좀 더 완벽한 정도가 아니라, 완전히 완벽해서 모든 의심과 고통을 박살 내기를 바란다. 이런 순간 완벽함은 영웅이 아닌 개인적인 욕망의 문제가 된다.

사람들은 영웅이 자기 한계를 뛰어넘어 도전하는 과정 자체가 아니라, 완벽함이라는 허상에 더 몰두한다. 결과가 좋지 않아도 이전의 한계를 뛰어넘었으면 일단 영웅적인 도전이라고 자평할 수 있는데도, "네가 이룬 것은 아무것도 아니야."라고 부정한다. 그리고 신격화한 영웅의 성과에 더 매달림으로써 스스로를 숭배의 노예가 되게 한다.

사람들이 처음부터 노예가 되고 싶어 하는 것은 아니다. 다만 현실이 힘들수록 어려움을 꿋꿋이 이겨 내는 존재가 되고 싶어 한다. 현실에서 고통받는 존재가 아니라.

그리고 현실을 이겨 내고자 하는 그 마음 자체는 아무 문제가 없다. 그러나 자기가 실천하지 않고 남에게 자기 욕망을 투사할 때는 문제가 커진다. 늘 당당하게 남들 앞에서 서고 싶은 욕망은 자기가 지지하던 정치가가 범죄를 저질러 공개적으로 사죄하는 것마저 못마땅하게 여기게끔 한다. 심지어 그 범죄자를 고난을 겪는 예수에 빗대기까지 한다. 그런 사람은 자기가 영웅을 올바르게 지지하고 있다고 합리화하지만, 사실은 자기 욕망을 지켜 내고 있을 뿐이다. 그 영웅이 사실은 겉모습만 근사하게 포장하고 있을 뿐 내용은 거짓이라 해도 상관하지 않는 지경에까지 이른다.

꼼꼼하게 따져 보지도 않은 채 현실 탈출용으로 무조건 영웅의 모습을 닮으라고 부추기는 사람이나 책이 있다. 이것은 영웅에게 내 욕망을 투사하는 것만큼이나 나쁘다. 내 안에 없는 영웅의 모습을 억지로 끌어들이는 것이 아니라, 내 안에 있는 영웅의 모습을 긍정하고 키우는 것이 현실적으로 성공 가능성이 높고 자기 긍정적이라 더 좋다. 그 행복과 성장으로 이어지는 길을 이 책의 주인공인 서준과 준석의 시행착오를 통해서 보여 주고 싶었다.

서준과 준석은 기존의 영화나 드라마, 위인전에 나오는 영웅과는 다를 것이다. 그렇지만 이 책에서 보여 준 것처럼 영웅의 조건에 걸맞은 모습이 많이 있다. 바로 여러분 자신의 일상에서 찾을 수 있는 모습처럼.

여러분도 이 책의 주인공들이 찾은, 영웅이 되는 길부터 시작하기 바란다. 그러면 비록 영웅이 못 되어도 행복할 수 있다. 그리고 꾸준히 성장할 수 있다. 물론 포기하지 않는 한 언젠가는 누군가 영웅이라고 부를 수도 있을 것이다. 하지만 그것보다 더 확실한 사실이 있다. 자기가 영웅의 길을 가고 있음을 스스로 느끼고 당당하게 인정할 날이 더 먼저 온다는 것.

나 또한 그 길에 여전히 도전하고 있다. 서준과 준석이 그랬듯이 홀로 고독한 영웅은 힘들기도 하지만 현실적이지도 않다. 함께 길을 떠날 동료가 필요하다. 그 동료들을 초대하는 마음으로 이 책을 썼다.

지금도 시행착오를 겪으며 인생을 배우며 정체성을 확대하고 있는 나는 아직 지질하다. 그런 내 한계를 이겨 낼 수 있도록 용기와 자극을 주는 정은숙 팀장, 김혜영 편집자 등 사계절출판사 여러분과 독자 여러분에게 감사할 따름이다.

이 책에 녹아 있는 마음이 더 큰 울림으로 퍼져 청소년들이 부디 자신의 영웅성을 믿고 앞으로 나아가기를 응원하고 싶다.

우리, 영웅!

2017년 5월
이남석